Monika Renz

Hinübergehen

Inhalt

Einleitung

Was ist gutes Sterben?

Die Formulierung ist riskant. Können wir beurteilen, was gutes Sterben ist? Gut zu sterben ist für viele zum selbstverständlichen Anspruch im Bedürfniskatalog des Ichs oder zur letzten Pflichtaufgabe in der To-do-Liste des Lebens geworden. Ob am Schluss eines genussreichen oder am Ende eines von Entbehrungen geprägten Lebens, zu guter Letzt erhofft man für sich noch das gute Sterben.

Doch worin besteht es? Ist es der plötzliche Tod nach einem Unfall oder bei Herzversagen? Monate todkranken Daseins und Leidens bleiben einem so erspart. Umso unerbittlicher trifft es die Angehörigen, die keine Chance erhielten, sich zu verabschieden. – Oder ist gutes Sterben *langsames* Gehen und Sich-Verabschieden, das zugleich viel Leiden und Mit-Leiden zumutet? Stirbt gut, wer bis zum Schluss verdrängt? Oder ist gutes Sterben zugleich bewusst durchlebtes Leiden und Abschied nehmen?

Gutes Sterben sei, so die einen, wenn man möglichst viel

im Leben gesehen und erlebt habe, und dies selbst noch unter dem Vorzeichen einer illusionären Hoffnung auf Genesung.

Gutes Sterben sei, wenn es gut aufhöre, sagen andere.

Gutes Sterben sei »einverstandenes Sterben«, meinte eine Patientin, der ich diese Frage einmal stellte. Gemeint war ein Sterben im Einverständnis mit sich selbst, was voraussetzt, dass Körper und Seele reif sind für diesen Schritt.

Gutes Sterben sei »erlebtes Sterben«. Auch diese Antwort begegnet mir immer wieder, etwa im Gegenüber von Patienten, die es trotz Schmerzen ausdrücklich ablehnen, medikamentös in Schlafzustände versetzt (»sediert«) zu werden. Sie wollen wachen Sinnes auf ihren Tod zugehen. Eine Frau formulierte, sie *wolle* »dabei sein, wenn es geschieht«.

Gutes Sterben sei schmerzloses Sterben, sagen wiederum andere, die sich am liebsten möglichst frühzeitig und dauerhaft sedieren lassen möchten. Mit dem Risiko freilich, dass Angehörige sie in diesem Zustand nicht mehr erreichen können; und auch auf die Gefahr hin, dass ein seelischer Prozess unterbrochen wird und sie deshalb vielleicht wochenlang gerade nicht sterben können.

Einmal schwingt Angst, Verzweiflung oder eine letzte Hoffnung mit; dann brauchen Menschen sachkundige Information. Ein andermal aber muss hinter Sterbewünschen eine Geisteshaltung der Ansprüchlichkeit und darin ein unausgesprochenes Besitz- und Machtdenken sichtbar gemacht werden. Sterben wird dann nämlich fälschlicherweise der Kategorie des Habens und Bestimmens zugeordnet, während ein Sterben in der Regel einfach *geschieht*, wenn der Körper reif ist und Menschen angekommen sind in einer Kategorie des Seins. Haben oder Sein, Macht versus ein tiefes Bezogensein – das ist die Alternative menschlicher Existenzweise, beim Sterben nicht anders als im Leben (vgl. Renz 2008).

Was also ist gutes Sterben? Kann die Frage nach dem guten Sterben aus der Sicht ichbezogenen Denkens und Wünschens überhaupt beantwortet werden? Steht die so gestellte Frage nicht im Widerspruch zu dem, was Sterben natürlicherweise ist: etwas unserem Wollen Vorenthaltenes, das dem sterbereifen Ich schlussendlich geschenkt wird? Jedes Sterben ist individuell, Zumutung und Erlösung in einem. In gewisser Hinsicht zu früh und in anderer zugleich zu spät. Immer bleibt etwas halb ausgesprochen oder halb abgeschlossen zurück, immer ist da – neben allem Ergreifenden – in irgendeiner Hinsicht auch ein emotionaler Abbruch. Sterben ist Bruch. Der Tod beendet Leiden und gleichzeitig kulminiert das Leiden der trauernden Angehörigen. Sterben ohne Leiden gibt es – ehrlich gesagt – nicht.

Was geschieht im Zugehen auf das Sterben?

Sterben ist ein Prozess. Können wir verstehen, was Menschen hier durchleben? Können wir unterstützen, wo das Leid zu groß ist oder der Prozess aus unbekannten Gründen stockt? Was müssen wir – über das Medizinische und Pflegerische hinaus – wissen? Welche Empathie braucht es, um im Unfassbaren solcher Not adäquat begleiten und unterstützen zu können? Kann ich mich als Begleiterin in äußerstem Respekt gegenüber einem letzten Geheimnis mit-ergreifen lassen von dem, was sich an dieser Todesgrenze ereignet?

Palliativmedizin und Palliativpflege haben sich in den letzten Jahren sehr entwickelt, vor allem im Menschlichen, in der Kommunikation und in der Symptomkontrolle (vgl. Pantilat 2009, Pellegrino 2002, Ferrell 2008). Ärzte nehmen die Gefühle der Patienten ernst, ihre Hoffnungslosigkeit ebenso wie ihre Hoffnung, ihre Weltanschauung, ihre Sehnsucht nach Spiritualität. Würdezentrierte und familienzentrierte Therapiekonzepte sind entstanden (vgl. Chochinov 2005, Gaeta 2010, Price 2010).

Trotzdem bleibt der Blick einseitig fokussiert auf die formulierbaren und somit auch mehr oder minder bewussten Bedürfnisse Sterbender. Sterbebegleitung wird aus der Optik des sehenden, des rationalen und selbstbestimmten Ichs heraus festgelegt. Das erweckt den Anschein, als könne Sterben »gestaltet« werden. Zahlreiche nonverbale Signale, eigentliche Prozesse und Veränderungen im Erleben Sterbender bleiben dabei freilich unberücksichtigt. Und komplexe Situationen wie »total pain« (totaler Schmerz) werden zwar gesehen, aber, wenn aus ich-bezogenem Blickwinkel betrachtet, oft nicht verstanden.

Was fehlt, ist der Sinn für den Sterbeprozess als ein Ganzes, einschließlich der Frage des Wovonher und Woraufhin und damit des energetischen Ausgerichtet-Seins dieser Menschen. Notwendig wäre eine Sichtweise, welche nicht primär Dogmen und Weltanschauungen gegeneinander ausspielt, sondern Fragen stellt: Fragen an die Sterbenden und ihre Innenwelt, an ihre Wesenszüge und Ungelöstheiten, Fragen an ihre Verzweiflungen ebenso wie an ihr unbeschreibbares Glücklichsein, Fragen auch ans letzte – offen bleibende – Geheimnis.

Meine zwölf Jahre Sterbebegleitung am Kantonsspital St.

Gallen lehrten mich, dass trotz allem letztlichen Nicht-Wissen ein Verstehen dessen, was im Seelisch-Geistigen in Todesnähe geschieht, für eine kompetente Sterbebegleitung grundlegend ist. Ein solches Verstehen gehört *mit* zur Basis für eine adäquate Palliativmedizin und -pflege. Es bewahrt ebenso vor einem Zuwenig an Betreuung wie vor dem Zuviel, das manchmal bis hin zu Wellnessangeboten geht, welche den Bedürfnissen Sterbender nicht mehr entsprechen. Nur ein Verstehen der Komplexität der Symptome und ein respektvolles Sich-Annähern auch an die Innenwelt Sterbender ermöglicht eine *indikationsorientierte Sterbebegleitung*. Zu erkennen, was diese Menschen wahrnehmen und fühlen, hilft auch den Angehörigen in ihrer oft schwierigen Gratwanderung zwischen Mitgehen und Loslassen. Verstehen trägt auch dazu bei, dass Verzweiflung und Gefühle von Ohnmacht abnehmen und dies zugunsten von seelischer Kompetenz und einer Haltung des Staunens.

Ziel dieses Buches ist es zum einen, mein »Wissen« rund um den Sterbeprozess einer breiten Öffentlichkeit vorzulegen. Es möchte Fachleute – Ärzte, Pflegende, Therapeuten, Seelsorger – ebenso ermutigen wie Angehörige und interessierte Laien. Es formuliert wichtige Fragen und Thesen mit Blick auf die weiterführende Forschung. Und es verschließt sich nicht den für alle Theologie und Religion wichtigen letzten Fragen – der Eschatologie. Eschatos, griechisch, bedeutet das Letzte, auch Letztliche; hier geht es also um die Lehre der letzten Dinge. Das Buch geht einer solchen nach anhand der »Bilder von Sterbenden und für Sterbende«. Damit ist die Absicht verbunden, sowohl uraltes apokalyptisches Gedankengut von Kulturen und Religionen zu beleben, als auch letzte Fragen offenzuhalten.

In all dem will das Buch Anstöße vermitteln zu einer breiteren Bewusstseinsbildung rund um die Frage, was gutes, im wahrsten Sinne des Wortes menschen-würdiges Sterben sei. Unsere Kultur hat einmal eine »ars moriendi« (Kunst des Sterbens) ausgebildet; und die Fähigkeit, mit Tod und Sterben human und würdig umzugehen, gehört zu den immateriellen »Gütern« unserer Kultur, die wir nicht mutwillig aufs Spiel setzen sollten. Ein Anliegen dieses Buches ist auch, die Sensibilität für dieses schützenswerte Kulturgut zu vertiefen und damit auch das Staunen über das Großartige, das sich an der Grenze ereignet.

Ich danke den vielen Helfern im Hintergrund. Mein erster Dank geht an PD Dr. Florian Strasser, Palliativmediziner und Onkologe, St. Gallen, der begeistert von meiner Art, Sterbende zu begleiten, auch *verstehen* wollte, was ich da tat und warum. Über ein ganzes Jahr hinweg stellte er mir Fragen über Fragen und kritisierte unklare Formulierungen. Er wollte, dass es gelinge, das Wichtigste in Kürze zu sagen. Und er unterstützte meine Fachkompetenz auch auf der Station. Ebenso sehr danke ich Dr. Daniel Büche, Palliativmediziner, St. Gallen und Wien, der dieses Manuskript im Detail studierte und kritisierte und mir äußerst hilfreiche Rückmeldungen und Anregungen gab. Diesen beiden verdanke ich den Mut, mich überhaupt nochmals zu äußern. Der dritte große Dank geht an Dr. Miriam Schütt, Research Assistent, für Recherchen und Korrekturen und ihren unermüdlichen Einsatz im Dienste der Sache. Meinem Chef, Prof. Dr. Thomas Cerny, Onkologie St. Gallen, danke ich sehr für den mir großzügig gewährten Raum für die wissenschaftliche Forschung.

Mein Dank geht ferner an Dr. med. Gisela Leyting, Supervisorin, Psychiaterin und Psychoanalytikerin, an meine Kollegen Rolf Kirsch und Michael Péus, an die Ärzte Dr. Urs Hess, Direktor Dr. Daniel Germann, Prof. Dr. Beat Thürlimann, PD Dr. Silke Gillessen und Dr. Dieter Köberle, an Prof. Dr. Ursula Renz, Philosophie Klagenfurt, und an Prof. Dr. Patrick Renz, Leiter der Stiftung Aid Governance für Entwicklungszusammenarbeit[1], an Mona Mettler und Marlis Haas, Palliativ- und Onkologie-Pflegende, und insbesondere an meine Mutter Helen Renz, Psychologin und Theologin, für ihre wiederkehrenden Fragen und Denkanstöße zum Thema. Ein ganz spezieller Dank gebührt allen Patienten und Angehörigen, die mir ein Stück ihres Weges anvertrauten und zur Publikation einstimmten. Mein herausragender Dank gilt dem Cheflektor des Verlags Herder, Dr. Rudolf Walter, und seiner Frau, Dr. Karin Walter, der Programmleiterin des Kreuz-Verlags, die begeistert vom Konzept und hellhörig für die Dringlichkeit der Sache sich für eine umgehende und auch schöne Publikation einsetzten. Mein letzter und persönlichster Dank geht an meinen Mann Jürg!

St. Gallen, im Oktober 2010 Monika Renz

1 Webseite: www.aidgovernance.org

1. Was geschieht im Sterbeprozess?

Die Quintessenz meiner zwölf Jahre Sterbebegleitung am Kantonsspital St. Gallen kann in nachfolgender These zusammengefasst werden. Sie ist hervorgegangen aus einer Fülle von Erfahrungen mit ca. 800 Sterbenden. Ihr liegen phänomenologische Beobachtungen von Zuständen, Aussagen und nonverbalen Signalen Sterbender zugrunde, auch von Reaktionen auf meine Interventionen, sowie deren wissenschaftliche Auswertung in *drei Forschungsprojekten*[2]. Die These lautet:

> *Im Zugehen auf den Tod lässt sich bei vielen Sterbenden ein sog. Übergang beobachten, der wesentlich in einer Wandlung ihrer Wahrnehmungsweise besteht (dying as*

---

2 Renz, M. (2000, 2008b): Zeugnisse Sterbender. Todesnähe als Wandlung und letzte Reifung. Paderborn: Junfermann. – Hier geht es um Fragen wie: Was erleben Menschen in Todesnähe? Welche Signale kommen uns entgegen? Worauf reagieren sie, wie können wir helfen?
Renz, M. (2003): Grenzerfahrung Gott. Spirituelle Erfahrungen in Leid und Krankheit. Freiburg: Herder. Überarbeitete Neuauflage

a transition and a transformation of perception). Alles Ichhafte: was ICH wollte, dachte, fühlte, alle auf das Ich bezogene Wahrnehmung und alle Bedürfnisse im Ich treten in den Hintergrund. Eine andere Welt, ein anderer Bewusstseinszustand, andere Sinneserfahrungen und dementsprechend eine andere Erlebnisweise rücken näher – all dies unabhängig von Weltanschauung und Glaube. Sterben ist ein Prozess.

Nähere Ausführung

Der Tod als Tor hinein in einen Bereich, über den wir nichts wissen, scheint bereits im Vorfeld des Todes wirksam zu werden und eine fundamentale Wandlung der menschlichen Persönlichkeitsstruktur und des menschlichen Bewusstseins voranzutreiben. Das Geheimnis des Todes ist, den Reaktio-

---

2010: Freiburg: Kreuz. – Wichtige Fragen sind: Wie erleben heutige Menschen Spiritualität? Was bedeutet, auch begrifflich, Spiritualität? Auch die Frage von Gott im Leid.

Renz, M. (2008): Erlösung aus Prägung. Botschaft und Leben Jesu als Überwindung der menschlichen Angst-, Begehrens- und Machtstruktur. Paderborn: Junfermann. – Hier geht es primär um das Aufschlüsseln einer Prägung der condition humaine. Botschaft und Leben Jesu werden daraufhin bezogen hinterfragt und gedeutet. Prägung, so der Inhalt des dritten Forschungsprojektes, zeigt sich wesentlich an der Schwierigkeit, loszulassen, und dies selbst auf den Tod hin.

Forschungsmethode der teilnehmenden Beobachtung, der partizipierenden, auch evaluierenden Forschung.

nen Sterbender zufolge, ebenso anziehend wie furchtauslösend und vor allem unumgänglich. Sterben ist mehr als ein körperliches Ableben, mehr auch als ein seelisch-geistiger Zerfall. Hier geschieht ein nochmals Anderes, etwas, das sich dem Auge des Zuschauenden entzieht.

Genauer betrachtet scheint ein »Ich-Tod« (St. Grof) dem eigentlichen Tod vorauszugehen. Mit Ich-Tod ist der Untergang im Ich gemeint: Nicht nur geht das Ich verloren, sondern auch alles, was an dieses Ich gebunden war und zu diesem Ich gehörte. Alles auf ein Ich bezogene Wahrnehmen (ich sehe, ich höre), alles Empfinden als ein Ich (ich habe Angst, Freude, Hunger), alles Mitteilen und Differenzieren als ein Ich (ich spreche, ich unterscheide, ich will) kommen an ein Ende. Das kann man sich nicht umfassend genug vorstellen: Das Ich als Subjekt aller Wahrnehmungen und alles Denkens, als zentrale Steuerungsinstanz im Menschen, wird unwesentlich. Stattdessen taucht der auf sein Sterben zugehende Mensch ein in Zusammenhänge und Wahrnehmungen von ganz anderer, ganzheitlicher Art. Das Wort ›ganzheitlich‹ darf dabei nicht verkürzt – etwa reduziert auf das Ganze von Körper, Geist und Seele – begriffen werden, sondern meint das *Ganze schlechthin*, welches Materie *und* Energie, Schöpfer, Schöpfung *und* Geschöpf umfasst. Diese Annäherung ans Ganze geschieht nicht kontinuierlich, sondern – wie jeder seelisch-geistige Prozess – sprunghaft, meist in mehrfachem Hin und Her, Vor und Zurück. Dieser Prozess führt durch Krisen hindurch (krisis, griechisch, bedeutet »Meinung«, im Sinne einer mit einer problematischen Umwendung verbundenen Entscheidung). Er führt manchmal auch an den Tiefpunkt, zu einer eigentlichen Katastrophe. Doch der Sterbeprozess bleibt dort nicht stehen, gerade nicht, sondern führt von innen heraus in ein Neues, Künftiges. Das entspricht dem ursprünglichen Wortsinn: Katastrophe meint eine radikale Hindurchwendung, Umwendung (kata, griechisch, heißt: herab, nieder, völlig, über, hindurch).

Es sind die Sterbenden, welche uns eine Ahnung davon vermitteln, was jenseits dieser unsichtbaren Bewusstseinsschwelle und ausserhalb der Zone des Ichs geschieht – ja, dass da offenbar überhaupt etwas geschieht. Einige künden staunend von etwas Unbeschreibbarem: »ohhh«. Andere formulieren oder bestätigen kognitive Worte wie »Durchgang«, Dritte erleben in Bildern wie etwa »Ich falle« oder in apokalyptischen Dimensionen: »Das Schwarz frisst mich auf« und später: »Jetzt wird das Schwarz vom Hellen und seinen Engeln besiegt«. Viele Sterbende werden irgendwann – unverstehbar – einfach friedlich. Selten einmal geht ein inneres Leuchten von ihnen aus. Ich spreche in all dem von einer spirituellen Öffnung.

Was in solchermaßen ich-fernen Zuständen geschieht, so mein Fazit, hat am ehesten mit dem Phänomen der Wahrnehmung zu tun. Etwa können sich die Dimensionen von Zeit und Raum/Ort so stark verändern, dass das Ich weder folgen noch verstehen kann. Es gibt Erfahrungen von Gleichzeitigkeit und Zeitlosigkeit, von der Überwindung aller räumlichen Begrenzung, aber auch vom Gefangensein in engen bis verzerrten Raumverhältnissen, insgesamt Erfahrungen von grosser Freiheit, überpersonaler Sinnfindung, aber ebenso grosser existenzieller Angst und Verwirrung (vgl. Moody 1988, Parnia 2006). »Unverständlich!« kommentiert ein Sterbender seinen eigenen Versuch, dies zu beschreiben.

»Hier musst Du Deine Augen schließen«, träumen Patienten. Oder sie hören innerlich Worte wie »Hier musst Du Dein Gewand ablegen«. – Hier gelte es, die Schuhe auszuziehen, das Gesicht zu verhüllen, lehren uns die heiligen Schriften des Alten Testamentes (Ex 3,4–6. 1 Kön 19,13). Ein Gebot also, das nicht an ein über-ich-haftes »Muss« gebunden ist, sondern ein Geschehen von unbedingter Art umschreibt und die Nähe zum Heiligen charakterisiert: Hier ereignet sich eine Transformation menschlicher Wahrnehmungsweise. Hier geht es um einen Übergangsprozess vom Ich zum Sein, von der Eigenmacht zum Angeschlossen-Sein.

Die sich verändernde Wahrnehmung, dieser Übergang scheint der *primäre* seelisch-geistige Prozess im Sterben zu sein. Ob Menschen wollen oder nicht, »es« ereignet sich. Alle tiefere Kraft der Sterbenden ist unsichtbar fokussiert auf das Bestehen dieses Geschehens. Andere Aspekte von Sterben wie Abschiednehmen, Wortfindung, Angst und Verzweiflung sind als »Daraufhin oder Davonher« zu begreifen. Sie sind wichtig und doch irgendwann erstaunlich *sekundär* (vgl. mehr dazu Kap. 6).

Das Übergangsgeschehen kann kaum vorsichtig genug ins Wort gebracht werden. Alle Worte sind Metaphern, Versuche, das Unfassbare zu fassen. Wir können uns hier – so nahe beim Geheimnis – kaum respektvoll genug ausdrücken. Zurückhaltung ist angesichts der bleibenden Individualität jedes Menschen aber auch angebracht. Sterben ist individuell, das Geheimnis jeder Person und damit ihre ureigene Annäherung ans letzte Geheimnis nicht minder.

2. Davor – Hindurch – Danach: drei Stadien im Sterbeprozess

2.1 Wandlung ist mehr als Weg

E. Kübler-Ross, Pionierin im Bereich Sterbebegleitung, spricht von fünf Sterbephasen: Nicht-wahrhaben-wollen, Zorn, Feilschen, Depression, Zustimmung. Der Sterbeprozess scheint nach Kübler-Ross wie der Trauerprozess ein Durchgang durch Aufbäumung und Gefühlsintensität zu sein, bis schließlich so etwas wie Einwilligung geschieht. Soviel kann ich aus meinen Erfahrungen bestätigen. Darin – wie auch im Mut, mit Sterbenden zu kommunizieren – erkenne ich einen bleibenden Wert in den Werken von E. Kübler-Ross. Dennoch bleibt eine solche Sicht für mich hinter dem Geheimnis des Sterbens zurück. Kübler-Ross beschreibt nicht das, was spezifisch auf das Sterben hin geschieht, sondern einen inneren Weg bis zur Einwilligung, wie er nach *jedem* Diagnoseschock und Schicksalsschlag ansteht, wo immer es um den Verlust von Leben und Liebe oder eines geliebten Menschen geht.

Vor dem Sterben ereignet sich aber mehr als nur dies,

nämlich *Wandlung*. Weg und Wandlung sind zweierlei. Ein Weg ist für das Ich nachvollziehbar, vom Ich her »begehbar«. Er verläuft trotz allem Auf und Ab linear. Anders Wandlung: Hier stößt das Ich in solchem Ausmass an Grenzen, dass es aufhören muss zu denken, zu verstehen, zu erwarten, zu lenken. Es muss sich selbst als Ich preisgeben. Wandlung vor bzw. im Sterben steht am Übergang vom Linearen des Lebens zum Runden des Seins. Sie führt in ungeahnte Dimensionen hinein. In diese Wandlung und ein Loslassen wirklich einzuwilligen, darin liegt für mich *eine* der Schwierigkeiten im Sterbeprozess. Einwilligung ist *eine* Facette des Prozesses (vgl. 6.3). Bedingung, damit »es« sich ereignet, und zugleich Ausdruck des Ereignisses. Denn wenn Menschen Ja sagen können, ist das für sie bereits wie von innen geschenkt.

Was aber ist das Charakteristische im Sterbeprozess? Es ist die Radikalität, die dem Ende unseres Daseins als Ich innewohnt. Der Körper als Verkörperung (auch Verdichtung, Verstofflichung) dieses ich-bezogenen Subjekts *stirbt*! Und mit ihm – und das Sterben einleitend – verliert sich die Wahrnehmung im Ich und das Erleben als ein Ich. Sterben ist gekennzeichnet durch das sich verändernde menschliche Bewusstsein rund um dieses Ende herum.

Der Sterbeprozess, wie ich ihn verstehe, kann modellhaft in drei Stadien gegliedert werden. Demnach durchläuft der Mensch im Übergang dreierlei Zustände oder Befindlichkeiten, und dies nicht selten mehrfach. Ich spreche von einem Davor (vor einer inneren Bewusstseinsschwelle), einem Hindurch (über diese Schwelle) und einem Danach (nach dieser Schwelle), welches aber nicht als ›Jenseits‹ zu begreifen ist, sondern als äußerster Zustand noch im Diesseits.

Über ein ›Jenseits‹ wissen wir aus phänomenologischer Sicht nichts, selbst nicht bei all unserem Wissen über die Geschehnisse in Todesnähe. Über die Frage nach dem Jenseits wird im Glauben, in den Religionen gesprochen. Wo wir aber begrifflich von »Glaube« sprechen, ist das Eingeständnis, dass wir etwas nicht wissen, bereits gegeben. Dieses Buch möchte genau in dieser Doppelgesichtigkeit eine Annäherung ans ewige Geheimnis wagen: zwischen dem radikalen Ernst-nehmen der Zeugnisse Sterbender und der metaphorischen Aussagen von Religionen über Eschatologie (Lehre der letzten Dinge) einerseits und dem Wissen, dass wir nichts wissen, andererseits. Die Aufrechterhaltung dieser letzten Ehrfurcht scheint mir für einen würdigen Umgang mit Sterbenden und ihren letzten Fragen besonders wichtig zu sein. Wichtig auch im mündigen Umgang mit unserem vom aufgeklärten Geist geprägten Wissensdrang. In erster Linie finden in diesem Buch Aussagen über die *Todesnähe,* und zwar betrachtet *als Schwellensituation*, ihren Platz. Dementsprechend lassen sich auch die Sterbestadien – wie nachfolgend erläutert – näher nachvollziehen.

2.2 Davor (vor einer inneren Bewusstseinsschwelle) – Zur Würde im Davor

Erläuterung

Im Davor schaut der Mensch an diese Schwelle heran. Sie bedeutet für ihn nichts weniger als »Ende«, »Untergang«, was selbst von gläubigen Menschen so erlebt wird. Oft sind gläubige Menschen, wenn sie mitten im Leid sind, zuerst von ihrem Gott enttäuscht. Therapeutisch-spirituelle Begleitung oder Seelsorge, die der Gottesfrage nicht ausweichen, können helfen, zu einem neuen, adäquateren Gottesbild zu finden.

Überhaupt ist das Davor eine Zeit der Entäußerungen. Dem Ich wird alles genommen, was ihm gehörte, alles, was Ich war, alle Identität und Erwartung im Ich. Auch alle Reaktion des Ichs auf dieses Verlustig-Gehen, der Kampf um Einwilligung, das Gestalten von Abschieden, das Regeln von Testamenten etc. gehören in den Bereich des Davor. Im Positiven finden hier familiäre Klärungen statt (Katharsis). Jahrelang festgehaltene Energie wird bei Angehörigen (und Sterbenden) frei. Manche Patienten bedenken jetzt nochmals ihr Leben und lassen sich von ungeahnten Sinndimensionen dahinter berühren.

Daneben ist es, als rücke der Tod Tag um Tag näher, wie eine heranrollende Lawine oder wie ein gähnender Drachenschlund. Ohnmacht, abnehmende Mobilität, zwischendurch wiederkehrende Schmerzen, Juckreiz, Durst, Übelkeit etc. bedeuten für viele Mal um Mal Demütigung. Noch erleben sie ganz in der räumlichen und zeitlichen Beschränktheit des menschlichen Körpers. Sie leiden daran, wie der Körper verfällt und sehen nicht darüber hinaus. In den Worten von Sterbenden tönt das etwa wie folgt: »Jeden Morgen ist es schlimmer, ich kann immer weniger.« »Ich habe eine Riesenwut auf Gott. Wie kann Gott das zulassen?!« »Ein Leben lang war ich anständig angezogen. Jetzt stinke ich wie eine Leiche.« »Meine eine Hand weiss nicht mehr, wo die andere ist.« Diese Stunden beängstigen und sind auch für Angehörige schwer auszuhalten. Sie sind herausgefordert, sich selbst auszuhalten, innerlich mitzugehen und dabei dem geliebten Menschen zuzumuten, was das Schicksal ihm sowieso zumutet.

Was hilft?

Hier braucht es zum einen bestmögliche Palliativmedizin und Palliativpflege, gute, mutige und sorgfältige Medikation ebenso wie zuverlässige Betreuung. Zum andern hilft das in diesem Buch präsentierte Erfahrungswissen, die Information, dass und warum diese *elenden,* schwer zu ertragenden Zustände nur Durchgangsrealitäten sind, dass es – und zwar im Hier und Jetzt – noch ganz anders wird. Manchmal hilft der Vergleich mit Nahtoderfahrungen. Manche Patienten können kognitiv verstehen, wenn ich dies zu erklären versuche. Bei andern hilft allein schon die dadurch ausgestrahlte Kompetenz; sie empfinden Sicherheit und Geführt-Werden durch Fachleute. Das ist umso wichtiger, als sie selbst sich in einem Zustand befinden, wo sie sich und ihr Leben nicht mehr in der Hand haben. Einigen hilft das Ausfüllen einer Patientenverfügung, damit sie sich so wenig wie möglich einer medizinischen Maschinerie gegenüber ausgeliefert fühlen. Patienten und Patientinnen sowie ihre Angehörigen brauchen die Erfahrung, dass man sie ernst nimmt. Angehörige sind in ihrem Zuschauen oft wie »daneben«, neben dem Kranken und dessen körperlich-seelischer Realität. Sie können noch weniger ändern als der Patient selbst und sind ganz und gar auf seinen inneren Prozess angewiesen.

Und worin besteht dieser im Davor? Was hilft dem Patienten und kann trotz allem nur von ihm selbst ›geleistet‹ werden? Das Stichwort lautet: »Kapitulation.« Wie ist das zu verstehen? Der Mensch im Davor sieht nicht darüber hinweg, noch hindurch, er kann nur einwilligen, loslassen, aufgeben. Gelingt dies in nochmaliger Offenheit statt in Verhärtung, so entspannen sich Körper und Seele, können Medikamente besser greifen, kann ein innerer seelischer Prozess der Transformation voranschreiten. So verstehe ich persönlich die Umwendung in der Katastrophe: vom Ich zum Sein, von der Eigenmacht zum Angeschlossen-Sein.

Die Frage nach der Würde inmitten von so viel Leid – Würde im Davor?

Das Gefühl von Würde im Leid und also auch im Davor entspringt aus drei unterscheidbaren Erfahrungen:

1. Aus dem Gefühl, ernst genommen und würdig behandelt zu werden.
2. Aus der Persönlichkeitsstärke im Aushalten, welche nie von außen abverlangt werden darf, aber doch von innen

heraus immer wieder er-steht. Würde im Leiden hat mit jener inneren Größe zu tun, die alles Narzisstische nochmals unterfängt, die stand hält und innerlich aufrecht bleibt. Würde ist dann Reifekriterium.

3. Aus der Würde, verstanden als das dem Menschen innewohnende Unantastbare per se.

Der erste Aspekt ist gut nachvollziehbar. Der Ruf nach menschenwürdiger Behandlung und Betreuung wird heute gehört. Ihm kann dort, wo verstehende und wissende Menschen da sind – wie in Palliativstationen, einem Hospiz, Regionen mit palliativen Organisationen, aber auch in Heimen mit entsprechend kompetentem Personal – mehrheitlich entsprochen werden. Die Kernfrage lautet: Welche Behandlung wird dem Patienten und der Situation gerecht? (Vgl. Kap. 6.3, *indikationsorientierte* Sterbebegleitung und Palliativmedizin.) – Hier die wichtigsten Adressen:

Schweiz:	www.palliative.ch
	www.caritas.ch
	www.pro-senectute.ch
	www.hospiz.org
Deutschland:	www.dgpalliativmedizin.de
	www.hospiz.net
Österreich:	www.palliative.at
	www.hospiz.at
	www.caritas.at

Der zweite Aspekt, ein Sich-Nach-Innen-Wenden, ein Abschreiten eines *inneren* Prozesses, ist nicht minder wichtig. Ein Erleben von Würde entsteht nämlich auch bei noch so kompetenter Betreuung *nicht*, solange der Patient die Umsorgung nicht annimmt, sich in seinem Stolz oder Widerstand nicht von der Liebe der Nächsten und Pflegenden berühren lässt und seine Kreatürlichkeit und Hinfälligkeit verleugnet. So verständlich und wichtig Rebellion immer wieder ist, um im Leiden authentisch zu bleiben, so unerlässlich ist auch das Loslassen und Sich-Anheimgeben. Die Frage der Würde im Leiden ist also nicht nur abhängig von einem würdigen Umfeld, sondern auch von der eigenen Einstellung. Würde charakterisiert jenen reifen Menschen, der sich trotz aller widrigen Umstände nicht völlig determiniert sieht, sondern noch *fähig ist, sich innerlich dazu zu verhalten,* und zwar auf eine würdige (sachgerechte, prozessadäquate, dem Kulturwesen Mensch entsprechende) Weise. In dieser – hauchdünnen – geistigen Freiheit kommen eine Unabhängigkeit von der Macht des Schicksals und zugleich ein letztes Bezogensein auf das, was Menschen Gott nennen, zum Ausdruck (vgl. K. Rahners anthropologische Theologie, auch Menschen wie E. Stein oder D. Bonhoeffer). Die Erfahrung von Würde im Leid ist tiefste Identitätserfahrung zwischen akzeptierter Abhängigkeit und Freiheit.

Warum Abhängigkeit, warum Bezogensein? Würde ist ein Beziehungswort (vgl. Begriff »Würdigung«), ebenso wie Ausdruck von Autonomie, von einem positiven konstitutiven »Trotzdem«, was nicht identisch ist mit Trotz. Die Gleichzeitigkeit von Bezogensein und Autonomie ist – ob ausgesprochen oder still, ob in intellektuellen oder einfachen sozialen Verhältnissen – nur dem persönlichkeitsstarken reifen Menschen möglich. Vom Jakobskampf kennen wir die Worte: »Ich lasse Dich nicht, es sei denn Du segnest mich.« (Genesis 32,27). F. Rosenzweig, gelähmt, soll gesagt haben: »Ich, Staub und Asche, bin noch da« (Rosenzweig 1984, S.127). »Trotz allem, ich bin es wert«, resümierte eine weise Patientin. Das Ausmaß an Liebe, das sie am Sterbebett erfahren durfte, schlug bei ihr positiv um in ein Annehmen-Können. Aus solchen Sätzen spricht Haltung, Reife, Persönlichkeit.

Der dritte Aspekt, derjenige von der Würde als dem Unantastbaren im Menschen per se, führt uns zur Frage, woran denn Würde festgemacht wird. Ist der Mensch würdig kraft seines funktionstüchtigen Ichs, das für sich festmacht, was es will und nicht will? Oder bezieht sich der Würdebegriff auf den Menschen als Ganzen, der mehr ist als funktionstüchtiges Ich, mehr auch als Trieb und Natur? Nach I. Kant hat der Mensch Würde als moralisches und zur Autonomie fähiges vernünftiges Wesen (vgl. Kant 1956). Dabei scheint mir wichtig, seine Verwendung des Wortes Autonomie genau zu bedenken. Kant denkt Würde dem Menschen als einen inneren und unaustauschbaren Wert zu. Seine Aussage, dass Personen Würde haben, ist eine kategorische. Sie verweist auf keine empirischen oder psychologischen Tatsachen. Würde haben Menschen qua ihres Person-Seins, und es wird nicht vorausgesetzt, dass sie ›sich‹ – ihr Ich – im Griff haben.

Die Frage, ob Würde abhängig sei vom funktionstüchtigen Ich oder doch Ausdruck für ein je Unantastbares, ist gerade mit Blick auf Millionen von Schwerkranken entscheidend. Aus der Tatsache, nicht über den eigenen Körper verfügen zu können, schließen sie, nichts wert zu sein. Irregeleitet durch die derzeitige Diskussion, verwechseln sie Würde mit Selbstbestimmung und sagen etwa: »Ich bin ein Nichts, ich kann nicht selber essen, ich liege nur herum.« Solche Entwürdigungen höre ich immer wieder – und dies leider zunehmend. Gerade mit Blick auf Kranke dürfen wir uns von einer *grundsätzlichen* Würde des Humanen nicht abbringen lassen. »Ja, ich bin ein König«, waren jene Worte Jesu im Leid, die seine unverwüstbare Würde trotz geschundenem Leib und Fesseln zum Ausdruck brachten (Joh 18,37). »Krone …«, stammelte ein Sterbender im Anschluss an eine spirituelle Erfahrung, in welcher er sich offenbar einer geheimen Würde gewiss wurde.

Herr Lechmann, ein vornehm wirkender, freundlicher Onkologiepatient in seinen Siebzigern, ist schikaniert durch seine nächtliche Inkontinenz. Er fühlt sich gedemütigt und – wie er sagt – »seiner männlichen Würde« beraubt. Er weint. Auch habe er Albträume, Halluzinationen. Ich frage näher nach. Er schüttelt heftig den Kopf und sagt: »Immer dasselbe, ich befinde mich als Läufer in einer Arena, soll um die Wette laufen und komme nicht vom Fleck.« Neuerdings sei da noch so ein Tor gewesen, wo er hindurch – nein: unten durch – habe kriechen müssen. Seltsam, das Tor habe aus zwei Pfauenfedern bestanden. Wie angewurzelt stehe er dort und schaffe das Hindurch nicht.

Der Traum macht mich betroffen. Laufen sollen in einer Arena und nicht können, derweil es vom Körper her läuft, ohne dass er will. Unten durchmüssen und demgegenüber wie angewurzelt stehen bleiben. Pfauenfedern, die ein Tor bilden … Der Traum half mir, mich einzufühlen in die beschämende Not seiner Inkontinenz, bei anhaltendem Zwang, mithalten zu müssen in der Arena des Lebens. Wer, ehemals stolz und aufrecht, nun untendurch muss, der lässt in der Tat Federn, Pfauenfedern. Vom Pfau im Tierreich wissen wir, dass er, wenn er seine meterlange Federnschleppe zum Rad spreizt, dem Pfauenweibchen signalisiert: Ich bin genetisch fit (zur Paarung bereit). Je mehr Pfauenaugen im Rad, umso attraktiver ist der Bräutigam. In diesem Stolz seiner Männlichkeit war Herr Lechmann getroffen und musste verschmerzen, was auch hieß: ankommen in seinem Kreatursein.

Herr Lechmann war berührt von der so umkreisten Traumbotschaft. Er verstand zwar nicht vernunftsmäßig, aber spürte intuitiv die Stimmigkeit dieser Deutung. Er dachte über Würde und Pfauenfedern-lassen nach. Prompt hatte er über Tage keine Albträume mehr. Von innen heraus war etwas anders: Er war es satt, in der Arena gängiger Konkurrenzkämpfe überhaupt noch anzutreten. Er bejahte sein Kranksein und lernte dabei auch eine neue Freiheit kennen. Er wurde schläfriger und schläfriger. Noch stand das letzte Hindurch – nämlich vor dem Tod – nicht an; dieses kam etwas später, unvermittelt und kurz. Doch sein »Eingeübt-Sein ins Loslassen« habe ihm, wie er sagte, sehr geholfen.

Das Davor ist dasjenige, was wir aus der Betreuerperspektive am meisten wahrnehmen, in das wir uns automatisch hineinversetzen: »Wenn ICH in dieser Situation wäre, dann…« – Doch es ist nicht der einzige Zustand im Sterbeprozess.

2.3 Hindurch (über die Schwelle) – Zur Würde im Hindurch

Irgendwann wird nicht mehr gefragt, sondern nur noch durchlebt. Im Hindurch ist es, als hätte sich alles Erleben so kulminiert, dass dem Ich »geschieht«. Im Hindurch als Schwellensituation findet ein »Loslassen schlechthin« statt – nämlich in ein gänzlich Unbekanntes hinein und damit *über* diese unsichtbare Bewusstseinsschwelle. Das Hindurch ist vergleichbar mit einer Geburt, ist Durchgang schlechthin und dauert meist Stunden, Minuten, aber nicht Tage. Im Unterschied zur Geburt wird es allerdings oft mehrfach erlebt – weil Patienten über diese Bewusstseinsschwelle hin- und hergehen, auf das Tor des endgültigen Todes zu und zurück. Ebenfalls anders als bei der Geburt, gibt es auch viele Sterbeprozesse ohne sichtbares Hindurch. Der positive Aspekt des Hindurchs wird erlebt als »endlich findet es statt«. Die Verzweiflung aber dominiert – jedenfalls für unser Auge.

Herr Hauser liegt vor mir und zittert. Die eine Hand hält sich an den heraufgezogenen Gitterstäben fest. Jetzt stockt der Atem, die Augen sind offen, Herr Hauser hat mich offenbar gesehen und doch nicht erkannt. Er erschrickt. Bin ich für ihn ein Gespenst? Ich sage, ich sei Frau Renz und hoffe, er könne mich akustisch erkennen. Doch nichts ändert sich. Die andere Hand tut, als wolle sie ein Unsichtbares wegschieben. Nun sage ich deutlich: »Herr Hauser! Gehen Sie weiter, Sie sind wie in einem Durchgang, da drin ist es schrecklich. Vielleicht steht da ein Ungeheuer im Weg. Gehen Sie weiter, dann öffnet es sich. Das weiß ich aus vielen Erfahrungen mit Sterbenden.« Herr Hauser schaut mich kurz an, dann ist sichtbar, wie es in seinem Körper loslässt: Der Muskeltonus wird weicher, die Hände werden schlaff. Sein Gesicht nimmt nun den Ausdruck eines Lächelns und Staunens an. Minutenlange Stille. Dann erneutes Erschrecken, Ermutigung meinerseits und – wieder ist er friedlich. Zwei Stunden sind wir solchermaßen kämpfend zusammen, bis er schließlich einschläft. Am nächsten Tag, nochmals hellwach, äußert er seiner Frau gegenüber traurig, warum er denn nicht habe sterben können gestern bei Frau Renz? – Er hat also in allem Nicht-Begreifen eben doch mich und seine eigene Todesnähe erkannt. – Am Abend stirbt er friedlich, ohne ein weiteres Hindurch.

Nicht immer ist das Hindurch so offensichtlich, nicht immer so dramatisch. Das Beispiel kann aber veranschaulichen, was hier geschieht: Alle vertrauten Strukturen, alle Gesetzmäßigkeit unserer Wahrnehmung (oben-unten, hell-dunkel, Ich-Du) sind – zumindest zeitweise – wie verloren. Was jetzt ist, kann am ehesten umschrieben werden als Inbegriff von Prozess, innerer Bewegung, Transformation, aber auch als nackte Angst davor und darin. Manchmal ist der abstrakte Aspekt des Drin-Seins im Schrecklichen dominant: Die Patienten verstehen zum Beispiel, dass sich ihr Gefühl für Schwerkraft jetzt verändert. Manchmal wird symbolisch-bildhaft erlebt: man ist zwischen Eisschollen, im Drachenschlund oder gegenüber von Tieren oder Maschinen. Manchmal wird geputzt, es sind Putzutensilien oder hässliche Spinnen da (vgl. Kap. 4). Manchmal geht es um das Durchstehen apokalyptischer Dimensionen: rundum Schwarz, Dunkel, dunkle Mächte, »Teufel«. Weitaus am häufigsten wird das Hindurch erlebt als reine Körperreaktionen: Schaudern, Schwitzen, Frieren. Urangst! Das Ich ist zugleich überwältigt und willigt doch ein – bisweilen kommt es dann fast augenblicklich zu einer Wendung, andere Male geschieht es ganz langsam als Erschlaffung, (Er-)Lösung.

Was hilft?

Geburtshilfe im weitesten Sinne! Symptombekämfung, Medikamentengabe, in Einzelfällen bis hin zu vorübergehender Sedation. Daneben eine Pflege und Angehörige mit besonders hoher Achtsamkeit und Präsenz, speziell dort, wo Patienten kein Zeitgefühl mehr haben. »Warum lässt Du mich stundenlang alleine?« rief ein Mann seiner Frau verzweifelt zu, die nur für fünf Minuten den Raum verlassen hatte. Angehörige brauchen ihrerseits Unterstützung. Nicht wenige sind schlicht überfordert. Ihnen gegenüber muss ausgesprochen werden, dass es auch erlaubt und gut ist, in solch schwierigen Zuständen nicht ans Sterbebett zu kommen. Insbesondere Kinder sind jetzt vor unverkraftbaren Eindrücken zu schützen.

Sterbebegleitung ist aber mehr als nur Dasein. Es braucht das Verstehen dessen, was hier geschieht. Neben allen Diensten und in ihnen braucht es im Hindurch kundige Seelenführer, im wahrsten Sinne des Wortes. Man muss selbst begriffen haben…, um hindurchführen zu können. Im Gegenüber von solchermaßen leidenden und kämpfenden Sterbenden versuche ich mir zu vergegenwärtigen, wie sich wohl eine Wandlung der Wahrnehmungsweise anfühle. Wie wäre es für mich, wenn der Boden unter mir real ins Wanken geriete? Würde ich mich nicht auch unsinnig festhalten?

Wie wäre es, wenn ich mein Gegenüber nicht mehr erkennen, aber doch genau gewahren würde, dass hier einer ist. Würde ich nicht auch erschrecken, erstarren, mich zurückziehen oder schreien? Wie wäre es, wenn ich tatsächlich nur ein atmosphärisches Dunkel um mich herum hätte? Welche Ermutigung müsste ich dann hören, um nicht einfach in mich zusammenzufallen, sondern den Mut aufzubringen, das Unbekannte blindlings durchzustehen? Von Gott ist hier überhaupt nicht die Rede: Gott ist weit weg, kalt, tot – fromme Sätze klingen hier wie Hohn. Die Rede vom umsorgenden Dasein lieber Menschen nicht minder. Meine Stimme klingt hier meist nicht lieblich, sondern bestimmt, selten einmal schreie ich selber mit und kämpfe dann stellvertretend für die Patienten gegen ihre inneren Mächte.

Mir hilft das aus Religionen und Märchen überlieferte Wissen, etwa um Zonen, wo es Tag und Nacht dunkel ist. Wie war es wohl zu Märchenzeiten ohne Kartographie, in einem tiefen Wald allein und verloren zu sein? Mir hilft ferner, mich archetypischer Bilder der Bibel zu erinnern: Dort wird das Dunkel der Welt irgendwann vom Licht (Jesaja 9,1; 58,10) oder von einem Heer von Engeln (Luk 2,13) besiegt. Solche Aussagen sind symbolisch und mehr als nur Zufall. Wenn ich selbst bisweilen verzweifelt und ratlos ins Dunkel eines Ringens am Sterbebett hineinversetzt bin, spreche ich Zusammenhänge dieser Art aus und rufe Engel an. Einer im Hindurch gefangenen Muslima kam nach einer solchen Intervention (sie verstand genügend deutsch) ein staunendes »Ahhhh« über die Lippen. Sie war wie erlöst und schlief wenig später ein. Dann, erneut wach, erzählte sie mir, was sie eben gesehen hatte: jene schöne grüne, ihr von einer früheren Nahtoderfahrung vertraute Wiese. Mehrfach wollte sie in diese Wiese hineinsterben. Ich fragte mich, ob ihr wohl der Mythos von Frau Holle oder ein ähnlicher vertraut sei.

Es ist bedauerlich, dass im Zuge der Säkularisierung unserer Gesellschaft ein früher vorhandenes Wissen um die Sprache Sterbender verloren ging. Wenn auch nicht bewusst, so war doch früher intuitiv ein Wissen um Hilfe in Übergängen wie Geburt und Tod irgendwie abrufbar, etwa dann, wenn Menschen zuhause im Kreise ihrer Familie starben. Auch wenn ich selber dankbar bin für die Errungenschaften von Aufklärung und Bewusstwerdung, so bedaure ich doch diesen Verlust. Neue Zugänge zur je eigenen Religion, ihrer Sprache, ihrem archetypischen Material, müssten dringend gefunden werden. Besonders im christlichen Kulturkreis droht ansonsten die Gefahr, dass sich die menschliche Bewusstseinsentwicklung spaltet in bewusst versus unbewusst, in aufgeklärte Mündigkeit einerseits, Fundamentalismus, Esoterik, Okkultismus, Nihilismus andererseits. Ein neuer Umgang mit dem Geheimnis und dessen Randzonen würde auch helfen, Menschen an den Rändern unseres Daseins in ihrem Erleben und ihren Sehnsüchten abzuholen.

Ist Würde im Hindurch Thema, ist sie Erfahrung?

Gibt es eine Würde im Scheitern, inmitten von existenzieller Angst, im *vollständigen* Loslassen und Zulassen, wo nur noch »geschieht«? Gibt es eine Würde im elendiglichen Gewand eigener seelisch-geistiger – und oft auch körperlicher – Nacktheit? Spätestens hier stellt sich die Frage, woran denn Würde festgemacht wird. Würde als äußerster Wert braucht keine Verhüllungen mehr, keine Schönheitsattribute, kein speziell herausragendes Leistungsprofil, keine Ehre in mächtiger Position. Würde im Hindurch hat etwas zu tun mit jener letzten Integrität und Wesentlichkeit, die selbst im Hindurch und im Angesicht einer sich durchsetzenden größeren Wahrheit (be-)stehen bleibt und die es wert ist, gewürdigt zu werden. Das in Religion und Volksglaube bekannte Bild für die Frage nach der Würde im Hindurch ist das Gericht. Das jüngste Gericht wird dort zeitlich als *im* Tod und *nach* dem Tod, angesiedelt, man glaubt an das Gericht als Durchgang ins endgültige Jenseits. Darüber kann ich nichts aussagen. Wohl aber mache ich die Erfahrung, dass dieses Motiv bereits bei manchen Sterbenden auftaucht, und zwar auch bei solchen, die nicht dominiert sind durch Über-Ich oder strenge religiöse Erziehung. Dasselbe gilt für das Motiv umfassender Nacktheit. – Zwei Beispiele:

Frau Dürr zieht sich ständig aus. Wie unter Zwang muss alles weg, Kleider, Nachthemd, Leibchen, Unterhose. Ist das Folge von Verwirrung? Oder spricht ein solches Symptom auch noch für mehr? Ich werde gerufen. Ein sichtlich peinlich berührter, liebevoller Gatte öffnet mir die Türe. Ich solle wegschauen. Nun bin ich mit der Patientin alleine. Was kommt mir, wenn ich mich einfühle, innerlich entgegen? Kontaktaufnahme im eigentlichen Sinne ist nicht möglich. Ich sehe nun innerlich die Situation von Mose am Gottesberg Horeb, wie er im Angesicht des brennenden Dornbusches die Schuhe auszog. Und dazu fällt mir die Deutung von E. Drewermann ein, wonach es auf heiligem Boden keine Verhüllung, keine Schuhe mehr brauche. Ein Boden also, auf dem der Mensch in seiner Nacktheit und damit in seinem Wesentlichen Gott begegnet. Ich verwerfe meinen

Impuls wieder, denn mir scheint unmöglich, der verwirrten Frau Dürr meine Intuition zuzumuten. Doch nochmals überkommt mich innerlich das Bild. Schließlich fasse ich Mut: Ich erzähle Frau Dürr von Mose, ungeachtet dessen, ob sie versteht oder nicht. Und ich ergänze: »Vielleicht ergeht es Ihnen ähnlich wie Mose: Sie spüren jetzt die Dringlichkeit der Stunde, möchten nur noch wesentlich vor Gott hintreten. Wenn dem so ist, so denken Sie einfach: Ich *bin* bereits bereit, rein. Ich bin in meinem Suchen bereits die, die ich zutiefst bin. Da muss nichts mehr ausgezogen werden.« Die Frau horcht auf. ›Verstanden‹ hat sie nicht. Und offenbar doch: Ihr Zwang, sich auszuziehen, hat sich für heute gelegt.

Herr Brunschwiler zittert. Er habe einen sonderbaren Traum gehabt, doch erzählen könne er nichts. Er hätte einen Stuhl gesehen, einen besonderen. Schließlich findet er Worte: »Der Stuhl stand vor einem Altar, aus welchem Weihrauch hervorquoll. Ich konnte nicht hinsehen, so angst und bange war mir. Ich musste mich auf den Stuhl setzen, da war ich auch schon ganz nackt und ich schämte mich. Dann ging ein Wanken durch Stuhl und Boden, grausam, danach wurde es still. Nun saß ich gänzlich aufrecht. Eine Stimme, nein, eine Musik, sagte mir nun in wiederkehrendem Reim: ›Du hast es gut gemacht‹. Dann war alles weg.« Herr Brunschwiler selbst verband diesen Traum mit dem Gericht und ahnte den baldigen Tod. Tage später – viel schneller als ursprünglich prognostiziert – starb er still. Würdig?

2.4 Danach (nach der inneren Bewusstseinsschwelle) – Zur Würde im Danach

Erläuterungen

Irgendwann und zugleich unvermittelt ist es, als wäre selbst die Angst losgelassen. Sterbende treten ein in einen Zustand von Ruhe, Gelassenheit, Glückseligkeit. Qualitäten wie Friede, Würdigung, Freiheit oder echter Liebe sind fast greifbar. Die Zeit aller Kämpfe ist durchgestanden. Menschen sind frei *von* sich wie *zu* sich selbst. Frei zu sein und nur wesentlich ›*sich*‹ – ihre tiefere Identität – zu sein. Frei von Angst, Gier, Zwang, frei von Prägung. Ein Mann umschrieb diese seltsame Freiheit wie folgt: »Was ich jetzt erlebe, ist nicht Galgenhumor, es ist Galgenfreiheit.« Gleichzeitig künden uns Menschen im Danach von einem Zustand des Bezogen-Seins auf ein Transzendentes. Sie sehen, ahnen, was wir nicht sehen. Und selbst wenn der Übergang mehrfach erlebt wird und Menschen zwischendurch wieder »heraus- oder zurückfallen« oder zurückkehren, ist jede Erfahrung im Danach prägend. »Das vergisst man nie …, drüben«, fasste ein alter Mann zusammen.

Die meisten Sterbenden vollziehen den Wandel vom Hindurch ins Danach im Stillen: Sie werden fast unmerklich ruhig, ein Friede tritt ein. Eine sterbende, in Thailand aufgewachsene Buddhistin wurde in ihrer letzten Stunde einfach ruhig, fast kühl (gelassen, cool) und sagte nur kurz und unverstehbar »mm«. Viele Sterbende sind in friedlicher bis andächtiger Ausstrahlung einfach da, halb somnolent, halb ansprechbar. Alle Unruhe ist weg. Eine sterbende Mutter, deren Hindurch (Beben und Zittern, das stoßweise durch ihren Körper fuhr) sie nochmals an ihre Not als kindliches Gewaltopfer heranführte, wurde plötzlich – und für alle Umstehenden sichtbar – erfasst von einer tiefen Ruhe. Es war allen klar: Jetzt stirbt sie.

Einige wenige beginnen zu strahlen, zu gestikulieren und möchten den Umstehenden bisweilen mitteilen, was sie sehen und hören: »So schön …« stammelte ein älterer Mann und konnte nichts Weiteres äußern. »Bald …«, sagte eine junge Frau. »Alle« – so das integrierende letzte Wort einer sehr alten Frau. »Blumen« oder einzelne Farben (blau, violett, gelb) sind häufige Motive. »Licht … Jesus«, so die Worte eines jungen, nicht speziell religiösen Mannes. Eine »Treppe hinauf«, sah ein Sterbender jüdischen Glaubens. Ob es jene Treppe Jakobs war, »die auf der Erde stand und bis zum Himmel reichte« (Gen 28,12), konnte ich nicht herausfinden. Doch ich war berührt ob seiner Ergriffenheit. »Kommt gut«, sagte ein sterbender Muslim.

Auch wenn das Danach bisweilen nur Momente oder Minuten, andere Male vielleicht Stunden und in Einzelfällen Tage dauert, ist wesentlich, dass hier eine völlig andere Atmosphäre herrscht. Die Stimmung ist jenseits von Zeit, darum sind diese Momente wie ewig.

Was hilft?

Wenn Sterbende friedlich daliegen oder schlafen, wird auch für Angehörige einsichtig, dass der geliebte Mensch, der Partner oder die Tochter nun ihrerseits irgendwie aufgehoben, jedenfalls außerhalb von Angst, Schmerz und Ohnmacht sind. Die einen schaffen es jetzt überhaupt erst wieder, ans Sterbebett zu kommen. Andere erlauben sich erst jetzt, nicht immer mehr da sein zu müssen. Oft erläutere ich Angehörigen, dass die einen Menschen *dann* sterben, wenn ihre Nächsten am Bett versammelt sind, andere wenn eine *bestimmte* Person da ist (ein Sorgenkind, ein nahes Kind) und wieder andere genau in jenen zehn Minuten, wo alle für einen Kaffee hinausgegangen sind. Das will nichts gegen Angehörige und deren Liebe heißen, sondern ist charakteristisch für Menschen, die ihr Sterben gerne mit sich alleine ausmachen oder diesen endgültigen Schritt genau so am besten bewältigen. Angehörige schenken ihren Dahinscheidenden viel, wenn sie diese entlassen und ihrerseits loslassen. Sterben entzieht sich unserem Besitzdenken ebenso wie aller voyeuristischen oder religiös motivierten Neugierde. Eine zum Buddhismus übergetretene Tochter einer sterbenden Agnostikerin wollte die geistige Zukunft der Mutter (Karma, Wiedergeburt) positiv beeinflussen und sprach ihr entsprechend zu. Die Mutter schien in Spannung zu sein, ihr Muskeltonus blieb hart. Eines Nachts, während die Tochter daneben tief schlief, fand die Sterbende unbemerkt ihren Gang hinüber. Die Frage des Woraufhin wollte offenbar Geheimnis bleiben.

In diesem friedlichen Zustand ist es vor allem wichtig, den Angehörigen zu erklären, was geheimnisvoll Wunderbares sich jetzt ereignet. Oft muss ich den Umstehenden erläutern, was ich an Signalen wahrnehme und wie ich sie interpretiere. Nicht selten erhalte ich in der Folge ein verstärkendes Signal des Sterbenden. Und nicht wenige Angehörige »begreifen« und sind sogar ihrerseits ergriffen. Was hier erfahren wurde, wird in aller Regel nicht mehr vergessen. Auch wenn der Tod für Hinterbliebene einem brutalen Bruch gleichkommt und die Realität, alleine zurückzubleiben, auf ungeahnte Weise hart und kalt ist, bleiben die Momente des miterfahrenen Danachs als etwas Unaussprechliches im Gedächtnis. Sich dessen zu erinnern, die Erfahrung zu hüten und ihr zu glauben, ist heilsam für ihre Seele.

Zur Würde im Danach

Ist Würde im Danach überhaupt noch Thema? Treten wir nicht ganz spontan schon in anderer Weise an ein Sterbebett heran? Auf leisen Sohlen, andächtig, als ob etwas Heiliges im Raum gegenwärtig wäre?

Würde im Danach hat nichts mehr zu tun mit dem Ich, wohl aber mit jener Personalität oder Wesentlichkeit einer Person, die das Zeitliche überdauert und jetzt auf eigene Weise ins Ewige hineinzuragen scheint. Im Grunde wissen wir nichts über eine Würde im Danach (nach der inneren Bewusstseinsschwelle), zumindest nicht im gewöhnlichen Sinne von »Wissen«. Doch lässt sich aus den Reaktionen Sterbender und der bisweilen feierlich ehrfürchtigen Atmosphäre schließen, dass es eine solche geben muss. Biblisch gesprochen ginge es hier um die Würde des nahegekommenen, ja hier fast gegenwärtigen Gottesreiches, welches – wie Jesus sagte – »nicht von dieser Welt ist« (Joh 18,36). Theologisch bedacht, hat das Ehrfurchtgebietende, das von Sterbenden im Danach ausgeht, zu tun mit jener Würde, die der Unantastbarkeit unseres Wesenskernes entstammt (obige dritte Form der Würde) und dem Menschen von Gott gegeben ist. Ontologisch geht es um die Würde im Sein. Jetzt, im

Danach, sind Sterbende *so offen* auf ein Transzendentes hin, dass ihnen nichts mehr im Wege steht, um diese letztliche Würde auch anzunehmen.

Der Gedanke, dass der Mensch die Würde, die er im Grunde immer schon hat, annehmen kann oder auch nicht, beschäftigt mich seit folgender Erfahrung: Im kleinen Kreis fand ein Gottesdienst statt, nach katholischem Ritus. Der Priester, wohl in der unbewussten Vorahnung seines baldigen Todes, gestaltete ihn – zum Erstaunen aller, die ihn kannten – diesmal anders. Er stimmte nicht wie üblich das Gebet des Hauptmanns von Kafarnaum »Herr ich bin nicht würdig, dass Du eintrittst…« (Mt 8,8) an, sondern begann: »Herr, ich bin *würdig*, dass Du eintrittst …«. Ein Schaudern ging durch die kleine Gemeinde.

Der Mensch ist in seinem tiefsten Grunde nicht unwürdig, sondern gerade würdig für die Begegnung mit Gott als dem Letztlichen, ja er bezieht seine Würde von dort. Der Theologe R. Siebenrock sagt das so: »Der Mensch ist ein ekstatisches Wesen, er hat seine Mitte von außerhalb« (mündliche Aussage). Der Mensch ist im letzten nicht verschlossen, nicht völlig abgekapselt in sich selbst oder nur definiert aus sich selbst, sondern im Gegenteil, ein radikal Angewiesener, Bezogener. Der *Begriff Person* ist diesbezüglich zu bedenken. »Personare« (lateinisch) heißt ursprünglich ›durchtönen‹ und ist ein Beziehungsbegriff. M. Kunzler schreibt: Der Mensch wird zur Person, deren »Wesenheit ebenso einer letzten Definition verschlossen bleibt wie Gott, die aber durch einen Leib, durch ein Angesicht und einen Mund ›hindurchtönt‹, um sich an ein Du zu wenden.« (1998, S. 71).

Ich frage provokant: Ist der Mensch vielleicht doch gedacht, Ebenbild zu sein, zu werden – doch dies nicht inflationär in seinem Ich, sondern aufgrund einer Kraft, die durch ihn hindurchtönt und -leuchtet? Ist dies der Inbegriff von Würde?

2.5 »Total serenity« als Gegenqualität zu »total pain«

In heutigen palliativmedizinischen Diskussionen wird oftmals von *total pain* – einem zugleich umfassenden und diffusen Schmerz – gesprochen. Wir wissen heute, dass Schmerzen, die ursprünglich einer psychisch-emotionalen, sozialen, religiösen oder geistigen Ebene zuzuordnen sind (Verlusterfahrung, Loslassen, Retraumatisierungen, Blockaden in der Familie oder im Religiösen, Widerstände, die sich verselbständigt haben etc.) zu *physischem* Schmerz werden können und krankheitsbedingte Schmerzen ihrerseits *verstärken*. Entsprechend wird heute nach Behandlungskonzepten gesucht, die auch Hilfe und Verarbeitung im Seelischen einschließen. Und doch bleibt das Phänomen des *total pain* bis jetzt weitgehend unverstanden, und weiterhin ist die Hilflosigkeit in jedem einzelnen Fall groß.

Aufgrund der in diesem Buch dargelegten Beobachtungen und Einsichten kann zu der Diskussion um *total pain* folgendes gesagt werden:

Schmerzen können zwischendurch auch verstärkt auftreten infolge des prozessbedingten Engpasses. Der Durchgang provoziert und evoziert, er bringt schmerzliche Ungelöstheiten in das Dämmerlicht des Halbbewussten. Darüber hinaus ist er selbst mitunter schmerzlich (Durchgangsschmerz). Es darf nicht vergessen werden, dass alles Hindurch auf Wandlung zielt und sich dann auch die Schmerzen verändern.

Gleichzeitig zeigt diese Sichtweise, dass *total pain* weder das Einzige noch das Letztliche ist, sondern dass es im Gegenteil auch so etwas wie ein umfassendes Glücklich-Sein (*total serenity*) gibt (immer wieder im Danach). Dies zu wissen, ist Trost, Ermutigung und Perspektive in sich.

Das Thema des Davor-Hindurch-Danach abschließend, möchte ich festhalten:

Sterben geschieht individuell. Selten ereignen sich die hier erläuterten drei Sterbestadien so schema-getreu, wie hier aufgeführt. Zustände wechseln sich ab. Und doch scheint es für Betreuende unabdingbar, sich in diese kategorial verschiedenen Befindlichkeiten hineinzuversetzen, um auch nur annähernd nachvollziehen zu können, wo sich ein Sterbender befindet und worum es hier eigentlich geht. Das *Ziel* des gelingenden Hinüberfindens vor Augen zu haben, hilft schon *in sich*, um indikationsorientiert pflegen und therapieren zu können. Und es bewahrt davor, Leben um jeden Preis und mit scheinbar verlockenden Angeboten zu verlängern, die nicht den Bedürfnissen der Patienten entsprechen.

3. »Das Ich stirbt in ein Du hinein«

3.1 Der Urangst im Sterben auf der Spur

Kann ich mich hineinversetzen in jene Momente des Sterbens, wo das Ich – dem Untergang entgegenschauend – kapituliert und sich gehen, ja sich sterben lässt? Welchen Bedrohungen ist es ausgesetzt?

Im Folgenden soll ein Phänomen umkreist werden, das ich seit Jahren als Inbegriff der Angst im Sterben beobachte und formuliere (vgl. CD in Renz 2007) und das zu verstehen und zu akzeptieren vielen schwerfällt, weil es unserer Denkweise so fern zu liegen scheint. Umso unverstandenener, ausweglos in ihrer Not gefangen, sind dann Patienten. *Sie* können nicht ausweichen, sind leidend bis erstarrt. Interessanterweise verstehen gerade sie aber unmittelbar, wenn ich ihnen meine Erkenntnisse über ihre Not formuliere. Es scheint sie zu erlösen. Viele reagieren nonverbal, einige sogar verbal. Bewusstwerdung tut not. Es geht um das Phänomen von Urangst im Sterben, um den Prozess des Hineinsterbens in ein Du und darin um das Erleben des Numinosen (vgl. 3.2). Wenn hier von einem Du gesprochen wird, geht es nicht um ein religiöses Bekenntnis, sondern um eine offenbar äußerste Erfahrung von ›Gegenüber‹. Denn an der Schwelle, wo das Ich im Begriff ist, sich aufzulösen, (ent)-steht unweigerlich die Erfahrung vom numinosen Gegenüber; und dies unabhängig von Weltanschauung und Interpretation. Das Ich erfährt und fürchtet – ob gläubig oder nicht – aufgrund seiner sich verändernden Wahrnehmung die Schwingungswelt um sich herum bisweilen als ein vernichtendes, numinoses DU. Numinos meint: riesenhaft, unüberblickbar groß und darin unfassbar. Im Gegenüber der als numinos erahnten Schwingungswelt ist das kleine Ich komplett verloren. Die Erfahrung vom numinosen Gegenüber kombiniert mit jener vom völligen Verlorensein (darin, daneben und überhaupt) sind denn auch Inbegriff von ›Schwellenerfahrung‹ mit/in dem letztlich Einen. – Beispiele von Sterbenden:

Herr Hutter ist durch seinen fortschreitenden Krebs mittlerweile zum Tetraplegiker geworden, also an allen vier Gliedmaßen gelähmt. Im Unterschied zu anderen Patienten nimmt er aber seine Empfindungen sehr genau wahr und formuliert sie, so auch seine nächtliche, für ihn unverständliche Angst. Er habe klaustrophobische Angst vor der Luftmasse, gesteht er. Dabei sei doch niemand da, der ihn erdrücke. Er habe Schweißausbrüche und Zitteranfälle. Was das wohl sei? Urangst, denke ich und versuche zu erklären. Er begreift und fasst es so in Worte: »Aha, meine Art wahrzunehmen verändert sich. Ich kann dann nicht mehr in Einzelheiten differenzieren.« Darum werde für ihn die Summe von Schwingungen, die Unüberblickbarkeit des nächtlichen

Dunkels zur existenzauslöschenden Bedrohung. Herrn Hutter half das Verstehen, er konnte sich als normal empfinden. Und ihm half das Begleitet-Sein. Seine Partnerin schlief in den kommenden Nächten bei ihm.

Frau Amstutz hatte nachts immer wieder Panik und schrie. Sie vermochte ihre Angst nicht in Worte zu fassen. Doch diese beruhigte sich nach der Erklärung, dass das Dunkel, subjektiv erlebt, einen verschlingen oder auslöschen könne. Sie erhielt ein Nachtlicht. Fünf Nächte später war das Nachtlicht nicht mehr nötig, Frau Amstutz war offenbar weiter fortgeschritten im Sterbeprozess und deshalb ›eingetaucht‹ in den Frieden. Ihre Wahrnehmung war jetzt offensichtlich nicht mehr ans Ich gebunden, beziehungsweise vom Ich ausgehend (vgl. auch Herr Arbenz in Renz 2008b, S. 72).

Herr Zweifel, Atheist, liegt vor seinem Sterben zwei Tage lang wie in einem Koma, aber mit offenen Augen, immer in Richtung Wand starrend. Kein Ton kommt über seine Lippen, keine Regung aus seinem Körper. Pflegende und Angehörige sind ratlos: Warum dieses Starren? Alle Interventionen, auch meine, erreichen den Notleidenden nicht. Dann habe ich einen Einfall: Ich nehme eine ähnliche Position ein wie er und setze mich dem Erlebnis ›Wand‹ und meinem eigenen Starren aus. Ich starre an die Wand. Mit der Zeit erfasst mich ein Grauen: Die Wand ist grau, Konturen lösen sich auf, ich sehe mehr und mehr nur noch ein schauriges atmosphärisches Gegenüber. Ob Herr Zweifel wohl ähnlich empfindet? Ich spreche ihn an: »Herr Zweifel, Sie müssen ja wie gefangen sein im Gegenüber einer erdrückenden Luftmasse. Wie wenn da alles nur noch ein schaurig großes Ding wäre …«. Da werde ich auch schon unterbrochen von einem durch Mark und Bein gehenden »Ahhh«. Gefolgt von Stille und Verdauungsgeräuschen. Letzteres heißt: es hat sich etwas gelöst. Ermutigt nehme ich den Dialog nochmals auf: »Herr Zweifel, wenn dem so ist, dann müssen Sie wissen, Ihr Gegenüber ist zwar für uns bedrohlich, doch es meint es gut mit Ihnen. Lassen Sie sich von Gott anschauen, und Sie werden sehen, er hat freundliche, liebende Augen.« – »Ahhh«, kommt es erneut aus dem sonst unbeweglich daliegenden Menschen heraus. Mehr noch: Herr Zweifel hat Tränen in den Augen. Ob er sich verstanden fühle? Ein leises Nicken kommt zurück. Ich wische ihm die Tränen ab, bin eine Weile einfach da und wiederhole meine Zuversicht. So beginnt es sich in ihm zu entspannen. Ich verabschiede mich für den Moment und gehe zu anderen Patienten. Zwei Stunden später sind seine Augen geschlossen. Der Gesichtsausdruck ist friedlich, der Muskeltonus weich. In diesem Frieden bleibt er. Erst unmittelbar vor dem Sterben öffnet er die Augen nochmals, diesmal aber in anderem Ausdruck, nicht verängstigt, erstarrt, sondern ergriffen und irgendwie verklärt. Mit Augen, die schauen und doch hinüberschauen in ein Anderes, jedenfalls durch mich hindurch. Er stirbt ohne weitere Angst und Verspannung. – Was hatte hier geholfen? Herr Zweifel musste verstehen können. Und er brauchte jenen Zuspruch, wie er mir nur aus der Tiefe der Einfühlung und eigener Erfahrung von Urangst möglich war. Ein Zuspruch, der die Dimension Gott weder herbeireden, noch verbannen will, sondern als das grundsätzlich Andere anspricht und gerade so den Mechanismus der Projektion (die Luftmasse frisst, das Numinose/Gott will meinen Untergang) offenbar auflösen konnte.

Im Zimmer nebenan liegt die 20-jährige Simona in Panik. Alles jucke am ganzen Kopf, versucht Simona mir klar zu machen. Eigentlich bestehe sie nur mehr aus Kopf. Ja, Simona ist gelähmt und gefühllos bis fast zum Kopf. Die Umstehenden sind hilflos. »Ich werde Dich jetzt kratzen, Simona«, kündige ich an und beginne damit. »Das tut gut«, sagt sie. Kurzes Einnicken. Dann erneutes Geplagt-Sein. Da ich Simona schon länger kenne und auch schon philosophische Gespräche mit ihr geführt habe, die sie *körperlich* bewegt haben, versuche ich es nun auf dieser Ebene. Ich erzähle ihr von der eben miterlebten Not von Herrn Zweifel. Und ich frage: »Ist es vielleicht auch bei Dir so, als wäre da ein großes atmosphärisches Gegenüber, das bereits bei der Nasenspitze beginnt, nämlich überall dort, wo ›Ich‹ und mein Körper aufhören. Das kann Ekel, Jucken und manchmal auch Angst auslösen.« »Das ist gut beschrieben. Aber was macht man dann?« fragt sie. Nun schaue ich Simona tief an und sage: »Sei getrost, Simona, ich weiß von vielen Erfahrungen, dass dieses unendliche Gegenüber eigentlich sanft ist, eigentlich Gott ist, zu dem Du ja so gerne betest. Lass nur mal diesen Gedanken auf Dich wirken.« Ich kratze nochmals kurz Simonas Kopf. Sie beginnt sich zu beruhigen, scheint sich verstanden zu fühlen, ja sich auch selbst besser zu verstehen und ergänzt. »Weißt Du, selbst die Nasenlöcher gehören nicht mehr zu mir. Das löst so ein furchtbares Gefühl aus. … Aber wenn ER *lieb* ist …« und sie nickt nach diesen Worten sogar kurz ein. … – »Meinst Du, dann sei alles einfacher?« führe ich den Satz etwas später zuende. Sie nickt und ist beruhigt. Der anwesenden Mutter und Pflegenden erkläre ich nun, was Urangst, ja primäre Angst sei. Nochmals nickt Simona. Sie ist friedlich und glücklich für

Tage. Ihr Kommentar mit Blick nach oben: »ER – der Hüter da oben« – sei bei ihr gewesen.

Wer solche Erfahrungen miterlebt hatte, konnte meine Erklärung, dass dies Gegenübererfahrung auf primärer, schwingungsmäßiger Ebene sei, nachvollziehen. Und auch, dass eine solche Erfahrung an der Grenze des bewussten Daseins Angst und Juckreiz, bei andern Ekel, Allergie, Starren auslöse.

3.2 Wem gilt unsere Angst?

Was ist Angst? Wem gilt sie? Wovor genau fürchten sich Menschen? Meine Erfahrungen lehren mich: Im tiefsten hat der Mensch Angst vor dem Numinosen. E. Drewermann spricht von einer Urangst vor Gott und sieht in ihr die zentrale menschliche Not, welche vielen anderen Nöten zugrunde liegt (1987, S.27, 40). Eine solche Deutung scheint zunächst einmal sehr fern zu liegen. Würde ich viele Menschen auf der Straße fragen, wovor sie sich fürchten, so bekäme ich alle möglichen Antworten wie: Angst, den Zug zu verpassen, Angst, ausgestoßen zu sein, Angst vor Krieg, Seuchen, Ohnmacht und Schmerzen, Angst vor Drogenabhängigen, Schlangen, Spinnen, Wölfen, vor andauerndem Mobbing oder Arbeitslosigkeit. Die *eine* Antwort: ›Angst vor Gott‹ käme sicher nicht. Angst, wie ich sie hier umschreiben möchte, muss als Angst*hintergrund*, als Urangst *hinter* und *in* den konkreten Ängsten, als primäre und darum körperhafte Form von Existenzangst überhaupt begriffen werden. Denn wo ich *benennen* kann, wovor mir graut und fürchtet, habe ich es bereits mit einer *Bewältigung* von Urangst zu tun. Das Schauerliche, Überwältigende, Ausweglose *an sich* ist dann bereits etwas in Schach gehalten.

Obige Beispiele vermitteln eine Ahnung von dem, was mit ›Urangst‹ gemeint ist. Diese steht grundsätzlich am Übergang, überall dort, wo das Ich, seine Kreatürlichkeit gewahrend, einer Fülle von Eindrücken gegenübersteht, diese als solche aber nicht mehr ausdifferenzieren kann. Gerade darum kommt es zum Eindruck eines Grenzenlosen, übermächtig und endlos Gewaltigen – eben Numinosen. (Zum religionsphilosophischen Begriff des Numinosen vgl. Otto 1988). In all dem und darüber hinaus ist das nichtige Ich wie verloren.

Urangst ist ein wesentlicher Bestandteil der Schwellenbefindlichkeit. Und dies sowohl im Sterben als auch bei der Ich-Werdung, also intrauterin und als Säugling. Gerade Urangst macht die Schwelle so schwierig. Als solche wird diese schauerliche Angst auch beschrieben von Menschen in großen Krisen. Sie tauchen so tief ab, bisweilen bis hinter die Schwelle zurück, sodass sie ihr Ich und ihre Ich-Funktionen vorübergehend aufgeben müssen, um erst später und unter neuen Vorzeichen ihr Leben wieder anzutreten. Die Psychologie spricht von Regression. Häufig geschieht dies in Leid und Krankheit. Solche Regression beinhaltet aber mehr als nur ein ›Zurück in die Kindheit‹. Hier geht es letztlich um die Schwelle hin zum Bereich des Transzendenten, darum sind Grenzerfahrungen oft heilsam. Der Bereich hinter der Schwelle birgt ein großes Heilungspotenzial in sich. In Märchenbildern gesprochen, verweilen diese Menschen während ihrer Regression/Krankheit zeitlos kurz oder lang im Reiche des Großen Mütterlichen: vielleicht beschrieben als Reich der Frau Holle (KHM 24) oder als Schloss der schwarzen Frau (z. B. ›Das Mädchen des Schmieds, das zu schweigen verstand‹ in Riedel 1978). Oder sie finden Zuflucht in der Hütte der weisen Frau am Spinnrad (z. B. ›Die Gänsehirtin am Brunnen‹ KHM 179) oder in einem Haus des Guten Seins, in dem ein Engel wohnt (›Das Mädchen ohne Hände‹ KHM 31). Von solch dunklen oder lichten Mutter- oder Engelgestalten werden Menschen in ihrer tiefen Regression eingeführt in Lebensweisheiten und Sinnzusammenhänge: Initiationserfahrungen. Die Schwellenerfahrung gehört zu jedem Übergang. In der Regression bindet sie den Menschen neu ans Archetypische und dessen regenerierende und heilende Kräfte an.

Von Märchen und biblischen Lehr-Erzählungen können wir aber auch lernen, was die Schwellenangst selbst beinhaltet und in welchen Gestalten und Gefahren sie sich dem Menschen zeigt. Märchen sprechen von Ausgesetzt- oder Verloren-Sein, vom Verschlungen-Werden oder vom Fall in den Abgrund, vom Preisgegeben-Sein an dunkle Mächte und wilde Tiere:

Jona, vor dem Anruf des Herrn fliehend, wird ins tosende Meer geworfen und dann vom Fisch verschlungen. Hänsel und Gretel im Märchen der Gebrüder Grimm (KHM 15) werden im tiefen Wald ausgesetzt und einer kinderfressenden Hexe zugespielt. Die Königstochter im altgriechischen Märchen von Amor und Psyche (vgl. Neumann 1981) wird auf einem hohen Berg ausgesetzt und dort mutterseelenallein dem Tod überlassen. Der Engadinerjäger Aratsch wollte einst der wunderschönen Bergfee auf ihrem Weg zum Bad im Bergsee nachjagen. Er fiel in den Abgrund und endete wohl, wie viele vor ihm, im Eis einer Gletscherspalte. Nur der nächtlich zu hörende Ruf der Bergfee »Mort ais aratsch« – Aratsch ist tot – erinnert an den im Eis umgekommenen Jäger.

Dass Märchen *mehr* sind als nur erfundene Geschichten, lehren uns Traumsymbolik und das Erleben von Schwerkranken und Sterbenden. Auch in Träumen wird das Traum-Ich bedroht, apathisch, krank, ausgehungert, überwältigt, fast getötet. Einmal geht es um ein Verschlungenwerden, sei es vom Dunkel der Nacht, von einem gähnenden Schlund oder – geprägt von Bildern unserer Zivilisation – von Riesenmaschinen. Andere Male fühlen sich Träumer und Träumerinnen von Magie und Verwünschung bedroht, oder sie erleben sich erdrückt, im Hexen- oder Hitzekessel. Manche frieren oder erleben »Eishöhle«. Oder sie sind in einer Einöde, einer Mondlandschaft und finden nicht mehr heraus. Nicht viel anders ist bisweilen das symbolische Erleben Sterbender (vgl. Kap. 4).

Untergang und Todesangst muss ein *Urthema* des Menschen sein, das uns nicht nur in Todesnähe, sondern auch in Not- und Krisenzeiten beschäftigt und uns – etwa in Albträumen – auch mitten im Leben einholen kann. Bei all dem geht es um ein in seinem (Be-)Stand gefährdetes, verlorenes oder durch dunkle Mächte bedrohtes Ich. Im Sterben spitzt sich die Bedrohung im Ich schon im Realen zu. Umso unausweichlicher wird sie erlebt im inneren Szenario.

Urangst muss in ihrem doppelten Gesicht begriffen werden:

- Als Angst vor dem Verlorensein: verloren in Einsamkeit und Einöde, erfrierend, verhungernd, den Anschluss (z. B. an den Zug) verlierend, bedroht durch das Zuwenig rundum.
- Als Angst vor dem Numinosen: erlebt als existenzielle Bedrohung durch ein Zuviel, zu eng, zu heiß, im Gegenüber von fremden Mächten (Tieren, Hexen, Maschinen), den Naturgewalten ausgeliefert. Diesen zweiten Aspekt kann man auch als ›Gegenübererfahrung‹ par excellence beschreiben.

Eine detailliertere Auflistung der beiden Gesichter von Urangst ist andernorts aufgeführt (Renz 2009, S. 146).

Stets ist Urangst Existenzangst schlechthin. Im Sterbeprozess kommt das Ich an den Punkt, wo es kapituliert. Urangst ist das Gefühl *vor* der Kapitulation und *in* der Kapitulation. Im *Sterben* kommt es primär zur Angst vor dem Numinosen (dem Untergang im Ich, der Gegenübererfahrung schlechthin, dem Riesenhaften), aber *auch* und gerade darin zum Gefühl, rundum verloren zu sein.

Warum Urangst vor dem Numinosen? Weil das sterbende Ich nur noch ›Ende‹ sieht. Und weil sich Konturen im Außen verwischen (die Wahrnehmung wandelt sich). Subjektiv erlebt, bricht so das Ende gleichsam über das Ich herein. Die Summe von Schwingungen wird zur erdrückenden Luftmasse, die nächtliche Dunkelheit zur auslöschenden Finsternis, unberechenbare Geräusche und Bewegungen werden – projiziert – zu bedrohenden und verschlingenden Maschinen, Riesen, Tieren. Die Projektion liegt darin, dass

Bewegungen als willentlich, ja bösartig, Materie und das, was einfach ›*ist*‹, als *aktiv* empfunden werden, – gleichsam *ein einziges* Ganzes, welches über einen herfällt und den Tod will.

Und weshalb ist diese Erfahrung immer auch gekoppelt mit dem Verlorensein? Weil das Ich – sterbend – nur auf sich selbst gestellt und darin nichtig ist. Es hat das Gefühl, nur mehr Kreatur zu sein (Kreaturgefühl), fern jeglicher Potenz, Kompetenz, Mobilität und Schönheit. Zugleich hat der Sterbende aber noch nicht in jenes Verbundensein oder Angeschlossensein größerer Art (wie im Danach) hineingefunden, welches ihm auf andere Weise Nahrung und Friede vermitteln würde. Noch ist es ein Ich und darin bedürftig – eben in Angst.

3.3 Angst ist an ein Ich gebunden, außerhalb des Ichs gibt es keine Angst

Nochmals frage ich: Was ist Angst? Angst in ihrer archaischen Form findet einfach statt. Ungefragt, ungebeten, in Zittern, Schaudern, Schwitzen, Frieren oder ähnlichen Symptomen ist sie Körperreaktion und uns ergreifende, ja unterspülende Emotion.

Angst ist Besorgnis im Eigenen. Angst ist immer an die Erfahrung gebunden, ein Subjekt zu sein. Erst wo der Mensch sich als Eigener fühlt, mit seinem Körper, seinen Sinnen wahrnimmt, ist auch Bedrohung in diesem Eigenen möglich und somit Angst gegenwärtig. Entwicklungspsychologisch betrachtet, entsteht Angst mit der frühesten menschlichen Bewusstseinsentwicklung, genauer gesagt: mit dem immer bewussteren Ankommen des Menschen bei sich selbst und seinen Sinnen. Urangst ist älter als das ausgereifte Ich, ist eine *Frühform von Subjekterfahrung*. Schon Ungeborene und Tiere können Angst empfinden.

Doch *außerhalb* dieser auf das Eigene bezogenen Erlebnisweise war und ist Angst kein Thema. Das ist eine Aussage, die wir rational kaum nachvollziehen können, die aber dort offenkundig wird, wo Menschen eine Nahtoderfahrung von Glück oder Licht beschreiben. Oder wo Sterbende – vielleicht unmittelbar nach einer letzten Angst und Schmerzattacke – eintauchen in die andere Wahrnehmungs- und Seinsweise im Danach.

Ein sterbender Mönch, eben noch umgeben von Kälte, verwirrt und erfasst von Verzweiflung, wurde ganz ruhig. Sein letzter Satz an den ihn pflegenden Mitbruder und damit an diese Welt überhaupt lautete, ergriffen: »Gott ist ganz anders!« Er war sichtlich außerhalb jeglicher Angst.

Nicht nur im Sterben, auch im Leben können uns spirituelle Erfahrungen berühren und von einem angstfreien, gottnahen oder in einem Ganzen geborgenen Zustand künden. Immer wieder werden mir, etwa im Anschluss an Klangreisen, Erfahrungen erzählt von Engelnähe, von einem Blick in den wunderbaren Sternenhimmel, einer eigentümlichen Freiheit, einem größeren Eingebettet-Sein. Immer beschreibt die Erfahrung ein Glück oder Geborgensein, einen Zustand fern von Angst. Ähnliches berichten Menschen nach seltenen, fast heiligen Träumen. Ein Mann, mitten in Angst vor einer schweren Operation, berichtete bewegt: »Ich hörte im Traum ein Saxophon, ähnlich einem

Alphorn. Die Musik kam von weit her und bildete etwas wie einen Hut um mich herum, darin war es schön. Die Angst hatte keinen Platz im Hut.« Der Mann lernte durch diesen Traum, was es bedeutet, *behütet* zu sein, und dass ein solches aus einer Seelenschicht kommt, die tiefer liegt als Worte und nur über Atmosphäre und Musik vermittelt werden kann. In der Folge ging er angstfrei auf den Eingriff zu.

Angst ist also Bestandteil des Lebens, aber nicht unbedingt des Seins. Sie gehört zur Daseinsweise im Ich, aber nicht unbedingt zu jener des Drin-Seins *in* einem Größeren, beziehungsweise des letztlichen Bezogen-Seins.

3.4 Von der Gegenübererfahrung zur spirituellen Öffnung

Eine phänomenologische Annäherung an die Erfahrung des numinosen Gegenübers wurde bereits gemacht (vgl. Herr Zweifel, Simona). Kann man auch entwicklungspsychologisch diesem Phänomen auf die Spur kommen und fragen, wohin es münde? Ich versuche das im Folgenden auf der Grundlage meines Menschenbildes, das – was die Frage des menschlichen Bewusstseins anbetrifft, – von einem letztlichen »ganzen« Zustand, einer Teilhabe am Ganzen, ausgeht (vgl. Renz 2010 b). Ein solcher Zustand ist für uns am ehesten vorstellbar als grundsätzlich andere Wahrnehmungsweise, als sinnenjenseitiger Zustand. Berichte von Menschen nach einem Koma gehen in diese Richtung. Ein mythologischer Umschreibungsversuch dieses Zustandes ist das Paradies, der Garten Eden.

Ausgehend von einem solchen Zustand anfänglicher und letztlicher Teilhabe als Urzustand des menschlichen Bewusstseins bedeutet Ich-Werdung auch Abschied. Und zwar nicht aufgrund eines moralischen Imperativs oder Über-Ich-Gebotes, wie der Fortgang des Schöpfungsmythos von der Vertreibung aus dem Paradies nahelegen könnte, sondern aufgrund der sich verändernden Wahrnehmung. In dem Ausmaß nämlich, in dem sich das Ich im Mutterleib und nach der Geburt als Ich erlebt, aus der eigenen Perspektive wahrnimmt, als Eigenes hört, fühlt, trinkt etc., ist die Wahrnehmung selektiv, nämlich subjektgesteuert, was zugleich bedeutet: Der heranreifende Mensch empfindet keine Teilhabe am Ganzen mehr. Das heißt, *werdend* durchläuft das Ich eine sich verändernde Wahrnehmung und – wie schon dargelegt worden ist – *sterbend* ebenso. Nur in umgekehrter Richtung.

Nun gibt es innerhalb dieser Wahrnehmungsverschiebung heikle Momente, eigentliche Durchgänge, nachvollziehbar etwa bei Simona. *Wenn zwar* soviel an subjekthafter, ich-bezogener Wahrnehmung noch da ist, dass der Mensch aus dem Ich heraus erlebt und als Ich Bedürfnisse und Ängste hat, aber *gleichzeitig* nicht mehr fähig ist, die Welt um ihn herum differenziert wahrzunehmen, *dann* kommt es zu der hier umkreisten Gegenübererfahrung. Dann wird Umwelt als ein numinoses Gegenüber gewahrt. Solchermaßen aufgrund ihrer Wahrnehmung gefangene Sterbende sind zwar noch bei »sich«, aber Konturen im Außen lösen sich auf. Sie vermögen nicht mehr die Wand vom Bild, die Pflegende vom Bett, im Extremfall nicht mehr rot von blau zu unterscheiden. Und doch gewahren sie, dass etwas ist, sind empfänglich für Schwingung, Atmosphäre, Musik. Sie haben es dann tatsächlich mit einem riesengroßen schwingungshaften Gegenüber zu tun, das – mit den Worten von Simona – bei den Nasenlöchern beginnt. Und dieses Gegenüber, so meine wiederholte Beobachtung, wird körperlich, atmosphärisch, musikalisch erlebt.

Was hilft?

Primär hilft es, wenn das Phänomen verstanden, ausgesprochen und als normal eingeordnet wird. Das heißt: Bewusstwerdung der Umstehenden darüber, was hier in der Tiefe des Halbbewussten geschieht, hilft. Manchmal gelingt es mir, durch Worte auszulösen, dass Projektionen Sterbender (etwa: das Numinose sei böse, Materie sei aktiv und komme auf sie zu, etwas wolle sie umbringen) zurückgenommen werden können. Erstarrungen *lösen* sich nicht selten gerade so. Ermattung nimmt überhand. Manchmal hilft das Einbringen eines gänzlich anderen Gottesbildes, welches nicht von einem strafenden, sondern von einem behütenden oder seienden Gott berichtet, und zwar sowohl bei religiösen Menschen wie bisweilen auch bei Agnostikern. Da sie es mutmaßlich zu tun haben mit einer Erfahrung von numinoser Größe, haben sie auch ein Anrecht darauf, den gängigen Namen für diese Dimension zu hören: Gott. Sie haben das Anrecht auf ein Angebot, welches Gott von bedrohlichen Gottesbildern trennt und als ganz Anderen ins Spiel bringt. Und dies auf nicht-manipulative Weise, d. h. diese Dimension aussprechend, muss ich offenlassen, was beim andern geschieht: Öffnung oder bleibende Starre oder gar so etwas wie Widerstand (dicke Luft). Jede Reaktion ist erlaubt, ist die spezifisch eigene und erzählt Genaueres von der Not des Sterbenden. Bezüglich des religiösen Hintergrundes von Menschen, die in der Sterbebegleitung arbeiten, heißt dies: Ihnen wird eine große Bewusstwerdung und Mündigkeit abverlangt. Hier werden nicht Dogmen verkündet, nicht letzte verlorene Schäfchen noch zurückgeholt, sondern hier liegen Menschen, die offensichtlich an der Dimension des Numinosen fast verzweifeln. Darf man ihnen Antworten in genau dem Bereich, an dem sie leiden, verweigern? Ich meine: nein. Aber jeder Antwortversuch bleibt Leihgabe.

Wohin, wo hinein führt der Prozess?

Die Antworten hierauf sind verschieden. Durch Urangst hindurch geht der Prozess in ein offenbar tiefer liegendes Urvertrauen hinein. Durch Starre in Erweichung. Durch die Panik, aus allem (= dem numinosen Ganzen) herauszufallen oder sonstwie »zu fallen«, hindurch und hinein in ein tieferes Aufgehoben- und Begründet-Sein. Bilder von Sterbenden sind verschieden. Einige wurden bereits erläutert. Ich bezeichne den Ort jenseits dieser inneren Bewusstseinsschwelle als Danach und spreche prozesshaft von einer spirituellen Öffnung: ›Es‹ öffnet sich! Und genau das hat zu tun mit Spiritualität, also mit jener hochgeistigen Erfahrung im Zwischen von Mensch und einem Transzendenten (spirit, spiritualis), das ich nie begreife und von dem ich mich nur ergreifen lassen kann.

Theologisch gesprochen, stirbt der Mensch vom Ich-Sein – durch diese schauerliche Erfahrung vom Numinosen und von einer Gottesentstellung hindurch – hinein in Gott. Ontologisch gesprochen, ereignet sich hier am Durchgang ›Gegenübererfahrung‹. Danach ist Sein, das Seiende. Der Mensch stirbt in ein atmosphärisches Du, das zugleich das Seiende ist, hinein. In Anlehnung an Mose (Ex 3, 14): in den »Ich-bin-der-Ich-bin-da« hinein. – Geheimnis schlechthin.

3.5 Auch in ihrer Prägung sind Mensch, Kultur und Sterbende erlösungsbedürftig

Ist mit der Urangst (vor dem Numinosen, vor der Verlorenheit) schon alles gesagt über die Not, die wir mit der allgegenwärtigen Angst in unserem Leben und ihrer Zuspitzung im Sterben haben? Genügt die alleinige Erklärung von Angst als Condition humaine? Ich meine: nein. Hinzu kommt die Prägung.

Angst schafft Prägung und wird zur Prägung. Angst hinterließ und hinterlässt vor allem dort markante Spuren, wo sie in ein sehr frühes Stadium von Subjekt-Erfahrung fiel (intrauterin, im Erleben der Urmenschen etwa bei klimatischen Bedrohungen) und wo Bedrohung besonders *ausgeprägt* empfunden wurde. Auf diese Weise früh angelegt, lebt Angst fort in all dem, was im Laufe individueller und kollektiver Entwicklung aus ihr wurde. Häufig unerkannt, ist sie doch bestimmend für die Strukturen eines Charakters, ist sie Triebkraft hinter den Errungenschaften einer Kultur. In der

Suche nach jener Existenzweise, in der der Mensch von Angst frei ist, und mit Blick auf das schwierige Loslassen im Sterben müssen wir fragen: Was hat eine Prägung der Angst mit uns, mit mir gemacht? Wo in uns selbst, in meinem Leben, meinen Reaktionen, wo in unserer Zivilisation und Religion, unseren sozialen Strukturen wirkt eine Prägung der Angst *indirekt* weiter? Kulturelle, aber auch individuelle »Markenzeichen« wie etwa ausgeprägter Herrschaftsanspruch, eine Tendenz zu einer Haltung des »Habens« statt »Sein«, eine egomane Kultur, ein Vorrang des Männlichen und Vernunftbetonten in Mann und Frau sind so hartnäckig, weil sie ihrerseits Bewältigungsformen von Angst sind.

Kurze Hinweise zur Biographie- und Kulturgeschichte können in diesem Zusammenhang hilfreich sein: Es ist genau die Schwellenerfahrung der Urangst am Anfang der Ich-Werdung, die alle spätere Persönlichkeits-Entwicklung wesentlich bestimmt: in Richtung Abkapselung, Sonderung, Gier, Narzissmus, Beziehungs-Unfähigkeit (vgl. Renz 2008, 2009). Das notgeprägte Ich flieht nach vorn, weg von der eigenen Urerfahrung, hin zu möglichst dominanter Macht im Ego. Bei Menschen und in Kulturen mit ausgeprägtem Urangst-Hintergrund entstehen (im Versuch, diese zu bewältigen) ebenso ausgeprägte Abwehr- und Schutzreaktionen. Je ›verwickelter‹ der Anfang, umso größer der Druck in Richtung Ent-Wicklung. Solche Faktoren scheinen meines Erachtens als seelisch-geistige Urgeschichte in der Bewusstseinsentwicklung der abrahamitischen Kulturen und Religionen wirksam zu sein (vgl. Aussagen von Schöpfungsmythen, Renz 2009).

Im Sterben muss auch alle Prägung losgelassen werden, die Verhärtung im Ich, die angstbestimmten Abwehrreaktionen, das innere Nein, das wie ›selbstständig gewordene Begehren‹ (vgl. Kap. 6.2). Sterben heißt auch frei werden von Prägung, frei dazu, nur noch und wesentlich ›sich selbst‹ zu sein. Ein Sterbender, der zu Lebzeiten nicht sonderlich über-ich-geprägt war, sondern einfach tat, was zu tun war, äußerte sterbend zu seiner Frau: »Mir ist so frei zumute, wie noch nie, wie wenn mir ein Familienrucksack, gar ein Gesellschaftsrucksack abgenommen wäre.« Er konnte das Gefühl schwerlich beschreiben: »Wie wenn ich erstmals nur ›mich‹ – Erich – wäre und sein müsste.« Ein anderer beschrieb: »Seltsam, was ich jetzt fühle, ist nicht Galgenhumor, sondern Galgenfreiheit.«

Zusammenfassung

- Aller Ich-Tod führt durch die eigene Urangst – den fressenden Schlund und/oder das Ausgesetztsein – *hindurch* und nicht daran vorbei. Gerade diese Erfahrung macht das Hindurch zum Hindurch. (Unterschiede im Sterben betreffen nur die *Bewusstheit* des Durchganges, oft geschieht es unmerklich.)
- Dieser Durchgang – und damit Sterben überhaupt – kann gerade nicht vom Ich her geplant oder gestaltet werden. Es gibt kein ›selbstbestimmtes‹ oder bewusst ›gestaltetes‹ Sterben.
- Es scheint Gesetzmäßigkeit des Sterbens zu sein, dass das Ich überwältigt wird. Das Ich kann nur einwilligen in seinen Untergang (seinerseits verbunden mit dem Schöpfungsganzen, von dem es ausgeht und in das es zurückkehrt). Wo immer ein Stück Einwilligung gelingt, erspart

sich das Ich zusätzliches Leiden (vgl. Todeskampf Kap. 5.2, Einwilligung Kap. 5.3)

- Im Sterben geht es nicht nur darum, Angst loszulassen, sondern auch um das Frei-Werden von Prägung. Das kommt einem existenziellen Frei-Werden gleich (vgl. Kap. 6.2).
- Der Mensch geht nicht nur auf sein Sterben zu, sondern dieses – und das Geheimnis dahinter – kommt ihm auch entgegen.

4. Anderes Hören, andere Bilder, andere Sprache

4.1 Sterbende sind hörend

Viele Sterbende hören, selbst wo sie nicht mehr sehen oder – wie im Koma – nicht mehr reagieren. Sterbende sind für kurze Zeit oder länger somnolent (benommen, von lat. schlaftrunken) und selbst dann irgendwie ansprechbar.

Musik ist das bewusstseinsfernste Medium. Musik ist eine Verbindung von Klang und Rhythmus, von Klanglichem (Tonmaterial) und Zeitlichem (Betonungen, Dynamik). Klang ist hörbar gewordener Raum. Rhythmus ist erfahrbar gewordene Zeit, ja die ursprünglichste und letzte Zeiterfahrung, die es überhaupt gibt (die Urmenschen orientierten sich an Rhythmen, der Fötus am mütterlichen Herzschlag, der Säugling an Stillrhythmen). Sterben bedeutet musikalisch betrachtet, dass Rhythmen immer unwichtiger werden. Die Klangdimension des Seins wird demgegenüber immer wichtiger, zuerst als Fülle/Leere (und damit als das Numinose im Hindurch) und dann als Erfahrung von Sein (Musikempfindung im Danach). Ich spreche andernorts von einem sich verändernden Musikerleben (vgl. Renz 2008b, S. 59 f.).

Musik wird hier als die gesamte klangliche und rhythmische Ebene begriffen. Sie umfasst die Stille wie den Lärm, den Stimmtonfall im Sprechen ebenso wie das verweigerte Wort, die unhörbar klingende Pflanzenwelt rundherum wie auch die im Krankenzimmer erklingende Musik und das Scheppern des CD-Gerätes. Musik, so verstanden, erreicht auch die Sterbenden und macht genau *ihre* Welt aus. Inmitten einer Summe von Schwingungen sind sie entweder lebendig oder erstarrt. Sie sind ihr vor allem wehrlos ausgesetzt, denn sie können sich mit abnehmender Mobilität immer weniger bewegen und ihrerseits nichts mehr am zu Intensiven oder zu Monotonen verändern. Das heißt: Sie sind angewiesen, dass wir empathisch *mit*-hören und *mit*-verstehen. Was soll das ständige, riesenhafte Ticken der Uhr, das für Sterbende einem stoßweisen Sich-Räuspern eines Untieres gleichkommen mag? Wozu die durchs offene Fenster hereinströmende Lärmkulisse heulender Motorräder und quietschender Autobremsen, derweil der reglos daliegende Patient nicht mehr zwischen drinnen und draußen unterscheiden kann, sondern nur noch Störung und Krach empfindet? Wieso die gespenstische Stille des späten Abends, die ihrerseits fast ›auffrisst‹? Die musikalischen Extreme von Lärm (das Zuviel an Schwingungen) einerseits und Monotonie (das Zuwenig) andererseits rauben Sterbenden manchmal fast den Atem, auch wenn da eigentlich »nichts ist« (nichts Gegenständliches, nichts Sichtbares). Ob Sterbende wollen oder nicht, Schwingungen sind dasjenige, was sie bedroht – oder trägt; wofür sie sich ganz und gar öffnen – oder wogegen sie sich unbemerkt stemmen und verschließen. Was dann zugleich heißt, dass sich Verspannung, Schmerzen und Gefühle von Ohnmacht unnötig vergrößern.

Auch das Zeitgefühl verändert sich auf den Tod hin, mit zuerst verheerenden Folgen: – »Warum hast Du mich stundenlang allein gelassen?« schreit ein Mann seine Frau an, die nur für einen Moment an die frische Luft gegangen ist. Wo kein Gefühl für die Zeit mehr da ist, wird das Warten – selbst wenn es real nur fünf Minuten dauert – vorerst zum endlos langen Verlorensein. Betreuung sollte wie beim Säugling *unmittelbar* erfolgen, in verstehender, liebender Weise. Es bringt nichts, die eigene Überlastung zu erklären oder zu rechtfertigen, denn das verstünde ein Sterbender nicht, vergleichbar einem Säugling. Vielmehr tut man, was sein soll, so gut man es eben kann und hat Verständnis dafür, dass der andere doch nicht verstehen kann. Was der Säugling *noch nicht* weiß – etwa, was eine Stunde ist –, weiß der Sterbende *nicht mehr*. Wie Säuglinge sich ganz allmählich an Rhythmen zu orientieren beginnen, verbleiben bei Sterbenden zunächst noch am ehesten Rhythmen und Regelmäßigkeiten als Orientierung, um ein gewisses Zeitgefühl im Ich aufrecht zu erhalten: Pflegerhythmen, Essrhythmen, Tag- und Nachtrhythmen, Besuchsrhythmen usf. Irgendwann kommt dem Sterbenden selbst diese Orientierung abhanden, sodass er nun ob jeder äußeren Veränderung erschrickt. *Plötzlich* steht der Partner wie ein schwarzer Schatten neben dem Bett. Plötzlich wird erkannt, dass es jetzt hell oder dunkel ist. Plötzlich sind Schmerzen da, auch wenn sie sich vielleicht schon länger angekündigt haben. Dieses jähe Gewahrwerden ist allem Wahrnehmen eigen, im Sterben wirkt es verstärkt, weil vertraute Orientierungspunkte verloren gehen. Was ein Leben lang Halt gab und Orientierungshilfe war, ist brüchig geworden. Und eine neue Welt und neue Seinsweise ist noch nicht da. Im Gegenteil, man sieht weder hindurch, noch ›hinüber‹. Es ist ein Übergang vom Ich zum Sein, vom Eigenmächtig-Sein zum radikalen Bezogensein auf ein Größeres. Dieser Übergang verläuft in Krisen, holperig, schubartig, als ein Hin und Her.

Das sich verlierende Zeit-Erleben Sterbender ist mitzubedenken in aller Pflege und Begleitung. Wir wissen nie genau, mit welchem Zeitgefühl wir rechnen dürfen. Ist ein Sterbender noch oder nochmals anwesend im Ich? Weiß er, was fünf Minuten sind? Oder ist er im Zwischenzustand der sich ins Unendliche ausdehnenden Zeit wie gefangen? *Wo* genau geht das Endlose über ins Unendliche? Diese Fragen bleiben offen; sie trotzdem zu stellen, hält uns hellhörig und in der für diese Menschen so wichtigen Behutsamkeit.

Sterbende sind *hörend*, hörenderweise angeschlossen an die Welt als Summe von Schwingungen und unbewusst ausgesendeten Signalen. Und in ihrer Wehrlosigkeit sind sie diesen Eindrücken auch ausgeliefert. Das ist vorerst (im Davor wie im Hindurch) ein Zustand äußersten Angewiesenseins, der aber immer wieder (im Danach) übergeht in ein schwingsungsmäßiges neutrales, vielleicht wunderbares Angeschlossensein. Wenn Patienten eingetaucht sind ins Danach, ist, wie mich Sterbende immer wieder lehren, die Qualität ihres Hörend-Seins eine andere: »So schön …« stammelte ein älterer Mann, ergriffen von etwas, das nur er wahrnahm. Derweil dröhnte der Lärm eines Pressluftbohrers durch das Gemäuer. Nichts, niemand mehr konnte ihn in seinem inneren Frieden stören, keine Schmerzen, keine

Not. »Mich wundert, dass ich so fröhlich bin. Ich höre und fürchte mich nicht mehr«, erklärt langsam und tonlos ein sterbender Tetraplegiker. Sein Hören war gleichzeitig ein inneres Sehen; er sah »gelb.«

»Hörend-Sein« ist nochmals etwas anderes als »aktives Hören« und Erkennen. Zwar mag auch bei Ersterem das Aktive mit hineinspielen. So gibt es immer wieder Sterbende, die obwohl sonst somnolent, gesprochene Worte und gar Sätze »hören« und darauf reagieren. Als würden sie warten, bis eine erlösende Botschaft – etwa in einer schwierigen Familiendynamik – ankommt. Mögen sie zuvor stundenlang auf nichts oder niemanden mehr reagiert haben, sobald eine Friedensbotschaft inmitten eines Familienkrieges hörbar wird oder das verschollene Sorgenkind am Sterbebett erscheint, sind Sterbende nochmals wach, ansprechbar und versuchen zu reagieren (vgl. Kap. 5.4). Mit Hörend-Sein ist demgegenüber ein schwingungsmässiges Anwesend-Sein gemeint. Es ist Ausdruck eines äußersten Bezogen-Seins, das nichts Egozentrisch-Narzisstisches mehr an sich hat: reines Offen-Sein jenseits aller Verhärtungen, Projektionen und Blockaden, jenseits von Machtdenken und Statussymbolen. Vielmehr: Inbegriff von Angewiesensein und (Er)-Warten, aber auch – im Danach – von Finden und Gefunden-Sein, ein Angeschlossensein. Angewiesen bin ich als Mensch (Kreaturgefühl, Staub und Asche, seelisch-geistige Nacktheit). Solches Angewiesensein und solche Offenheit zuzulassen, ist Wagnis und höchste Auszeichnung in einem. Wagnis, weil das Verlassen der Ich-Position, nicht wissend wohin, für Sterbende einem Sprung ins strukturlos Leere gleichkommt. All das geschieht wesentlich auch auf der akustischen Ebene, weil Sterbende *in* diesem Medium, in dieser Ebene drin sind.

Herr Armbruster, ein erklärter Atheist, wortkarg, aber mit hoher Sensibilität für Stimmungen und Feinheiten der Kommunikation, pendelt mehrfach hin und her zwischen zweierlei Befindlichkeiten. Noch ist er ansprechbar und kann diese unterschiedlichen Befindlichkeiten selbst nachvollziehen. In der einen Befindlichkeit (im Davor) liegt er da mit grimmiger Miene, bekundet Schmerzen und wünscht aktive Sterbehilfe. Dann, in einer andern Befindlichkeit (im Danach), ist er einfach friedlich, schaut seine Nächsten an und lässt sich anschauen, bis sein denkendes Ich ihn wieder in Besitz nimmt (im Davor) und er sich ausmalt, wie Sterben zu sein hätte und wie nicht. Damit sind Wut und Schmerzen wieder da! Irgendwann ist er erneut im Frieden des Danach. – Das wiederholte sich mehrfach, wobei offen blieb, was jeweils in diesen Frieden zurückführte: Die Liebe der Tochter? Musik? Medikamente? Oder in all dem seine stumme Einwilligung? – Tage später pendelt er, nun nicht mehr ansprechbar, nochmals zwischen diesen zwei Zuständen hin und her: Da ist einmal Stirnrunzeln, Stöhnen, ein Aufschrei, dann wieder friedliches, gesammeltes stummes Sein mit entspanntem Muskeltonus. Seine Tochter und ich sind bei ihm. In dieses Sein hinein frage ich, was ich in der Gegenübertragung empfinde: »Hören Sie?« – Stille, keine Reaktion. – »Sind Sie hörend?« – »Hhhh.« Die Tochter und ich sind bewegt. »Hören Sie mich?« frage ich näher. Keine Reaktion. »Hörst Du mich?« fragt seine Tochter. Wiederum keine Reaktion. Ich empfinde Andacht und wage deshalb die Worte: »Hören Sie so, als wäre alles um Sie herum Musik, Schwingung, Gott?« – »Jaaaah.« – Stille – Minuten später taucht Herr Armbruster sichtlich wahrnehmbar tiefer in sein Koma ein. Er stirbt wenige Stunden später, ruhig. Hörend?

Aufgrund des heutigen Wissens, etwa über das intrauterine Hören oder über Komapatienten und Nahtoderfahrungen, erscheint es plausibel, dass Sterbende hören. Ich spreche von *auditiven Phasen im Leben*, die sich immer dort eröffnen, wo sich der Mensch in Grenzzuständen befindet, an der Grenze hin zum Transzendenten, also nahe bei der hier umkreisten Bewusstseinsschwelle und im Gang hinüber. Das ist der Fall bei der Ich-Werdung (intrauterin/Säugling), in tiefer Regression (ernste Krankheit/Krisen) und beim Sterben.

Wie sich verhalten?

In erster Linie hilft das Bewusstsein von der spezifischen Sensibilität Sterbender. Allem voran sind es eigene Erfahrungen, die nachvollziehbar machen, wie hilflos und angewiesen der Mensch in solchen Grenzzuständen ist, und wie sehr sich all das *musikalisch*, *schwingungsmäßig* ereignet. Mich persönlich lehrten dies – nebst meiner Ausbildung zur Musiktherapeutin – Initialerfahrungen während einer krankheitsbedingten monatelangen Bettlägerigkeit sowie Körpererfahrungen während eines Schleudertraumas. Rational kann man sich diese Sensibilität nicht aneignen. Man kann sie nur sachte erhorchen und hellhörig werden für die Sprache der eigenen Seelentiefe. Über Klangreisen kann man sich Eindrücken, wie sie aus einer bewusstseinsfernen Klang- und Innenwelt kommen, aussetzen. Darum biete ich in Fortbildungen neben theoretischem Grundlagenwissen vornehmlich Klangreisen an. Und ich ermutige, sich selbst in Stimmtonfall und Sprache mehr und mehr zuzuhören,

Intentionen und Unsicherheiten dahinter zu erhorchen. Denn was ich redend sage, kommt immer auch *als Musik* bei den Patienten an. Wo ich mich selbst nicht hören mag oder kann, mögen und können es auch Patienten nicht. Meinem eigenen Unbewussten solchermaßen auf der Spur zu sein, macht mich authentisch. Das Hören ist dabei immer auch ein Fühlen.

Im Wissen, dass wir als begrenzte Menschen immer auch hinter hohen Ansprüchen zurückbleiben, darf ich nicht aufhören, mich betreffen zu lassen und hinzuzulernen. Nicht nur Sterbende, auch Sterbebegleiter sind in einem Prozess. Bei der Rekrutierung des Palliativ-Personals ist, neben Kriterien wie Fachkompetenz, Kommunikationsfähigkeit und Leidvertrautheit, auch das besonderer *Sensibilität* hochzuhalten.

4.2 Sterbende erleben nicht logisch, sondern symbolisch ana-logisch

Frau Meier klammert sich an den Gitterstäben ihres Bettes fest und schreit: »Hilfe, ich falle!« Unter ihr öffne sich – so ihre innere Wahrnehmung – ein gähnendes Loch. Anders ausgedrückt: Ihr Gefühl für Schwerkraft und ihr Eingebettet-Sein in die Ordnungen dieser Welt verändern sich, sie erlebt subjektiv ein Fallen, fällt heraus, hinein, hindurch: Ausdruck ihrer sich verändernden Wahrnehmungsweise.

Herr Zehnder schreit. »Jju, uuf, … uuf. Säntis.« Noch verstehen wir nicht, seine Hand drängt vorwärts. Erst nach mehrmaligem Versuch begreife ich: Er ist innerlich auf einer Bergwanderung (Säntis), ein Untier ist da, und die Brücke hinüber abgebrochen. »Hinauf!« So verstärke ich nun und versuche ihm mit meiner Hand eine Brücke zu leihen. Es gehe hier auch noch um einen anderen Berg als den Säntis, einen Berg hinüber, sage ich. Er zieht an meiner Hand, stärker und stärker, dann sackt er zusammen, schläfrig. Das Motiv kommt nicht wieder. Wurde es verstanden?

Sind solche Menschen delirant? Sind sie in einem Delirium? Selten ja, meistens nein, so lautet meine Antwort, wenn es um Sterbende geht. Zwar hilft es im Einzelfall, wenn – mit Blick auf die Frage der Medikation – der Begriff Delirium da und dort fällt, doch die meisten Sterbenden sind in ihrem Übergang damit nicht erfasst. In Bezug auf das Sterben sollte man lieber von terminaler Kommunikation, auch von gelebter Symbolsprache sprechen. Sterbende denken und erleben nicht mehr rational logisch, aber deswegen auch nicht unlogisch verwirrt, sondern analogisch, in Metaphern und Analogien. Dies zu unterscheiden ist wichtig mit Blick auf die Frage eines würdevollen Umgangs mit diesen Menschen. Die Redeweise »delirant« geht nicht selten einher mit blankem Nicht-Verstehen und mit Entwertung. Wenn man demgegenüber von Symbolsprache spricht, gibt man solchem Reden einen Sinn und *sich* selbst die Chance zur Einfühlung. Denn Symbole sind nie zufällig, sondern stehen für eine Energie, ein Thema, einen Wandlungsdruck. Hier gibt es Gesetzmäßigkeiten, Wiederholungen, Aussagen, in denen sich Wesentliches einer Person ebenso ausdrückt wie ihre Not. Und uns ist die Chance gegeben, auf der Ebene des Symbolischen zu reagieren: Wo ein Patient Spinnen und Spinnweben sieht und einen Impuls zu putzen empfindet, sage ich nicht: »Hier ist alles sauber, die Putzfrau kommt jeden Morgen.« Sondern ich frage weiter nach. Geht es vielleicht um ein Putzen im Seelisch-Geistigen? Um eine uralte Angst oder ein Gefangensein in einem (Beziehungs-)Netz? Oder um jene sich im Symbol des Spinnennetzes geheimnisvoll anordnende Kraft, die Altes überwindet und eine neue Ordnung schafft? – Wo ein Patient einen Kampf in der Finsternis sieht, gehe ich nicht nur zum Schalter, um das Licht anzumachen, sondern suche darüber hinaus mit ihm nach dem *inneren* Licht. Ich frage vielleicht nach Engeln und erinnere mich dabei der apokalyptischen Kämpfe, wie sie in der Bibel beschrieben werden.

Wo immer möglich, sollte man versuchen, Menschen nicht zu pathologisieren, sondern ihr Befinden, ihre seltsame Ausdrucksweise, ihre mitunter ›unmöglichen‹ Reaktionen als »in dieser Situation normal« einzustufen. Könnte es mir in außerordentlichen Umständen nicht ähnlich ergehen? Würde ich nicht auch schreien, wimmern, erstarren oder vom innerlich Geschauten erzählen, gleichgültig, ob der andere meine Sprache spricht oder nicht?

Was hilft?

Im Umgang mit dem symbolischen Erleben Sterbender braucht es so etwas wie ein inneres Suchorgan, einen speziellen Spürsinn. Noch weiß ich nicht, was ein Satz, eine Geste, ein Schrei bedeuten. Ich begebe mich nur tastend auf die Spurensuche.

Unabdingbare Hilfe auf dieser Suche ist ein Wissen um symbolische Zusammenhänge. Ein Symbollexikon leistet gute Dienste. Auch hilft, ähnlich wie im Umgang mit Träumen, die subjektstufige Deutung nach C. G. Jung. Diese sieht in einzelnen Traumgestalten immer auch Teile meiner selbst. Im Traumbild eines ausgehungerten Hundes nimmt dann vielleicht ein darbender hungriger Seelenanteil meiner selbst Kontur an, vielleicht bin ich selbst ›auf den Hund gekommen‹. Oder wie im Märchen kann es auch im Traum eine innere Goldmarie neben einer Pechmarie geben, und beide sind Teile meiner selbst. In allem Umgang mit symbolischer Sprache versuche ich, achtsam zu sein für die von einem Patienten immer wieder genannten *Motive* (Schiff, Berg, Rucksack) wie für das *Energetische* (Bewegungen, Farben, gut-böse).

Wo ein auf sein Sterben blickender Mensch im Traum und später auch tagsüber einem Berg gegenübersteht und schaudernd, aber auch ergriffen unbeweglich davor stehen bleibt, frage ich vielleicht, ob es für ihn jetzt so sei, als wäre er ›am Berg‹? Als könnte er nicht mehr ›darüber-‹, nicht mehr über all seine Schwierigkeiten hinaus sehen? Ich spüre aber auch nach, ob der Patient vielleicht den heiligen Berg, wo früher Gott verehrt wurde und Gottesbegegnung stattfand, vor sich sieht. Solchermaßen frage und taste ich mich vor, Impulse wieder verwerfend und neue findend. Aber eines wage und erlaube ich mir um der Würde dieser Menschen willen nicht: von Zufall oder Sinnlosigkeit zu reden. Denn wo ich etwas von außen nicht verstehe, heißt das noch lange nicht, dass es keinen Sinn hat. Wo ich einen Sinn nicht erkenne oder auch die Sprache eines Körpersymptoms nicht verstehe, ist damit noch nichts gesagt über die Bedeutungslosigkeit einer Aussage, die Sinnlosigkeit eines Leidens, sondern nur über meine Begrenzung. Innenansicht und Außenansicht sind zweierlei.

4.3 Wichtige Symbole – phasenspezifisch bedacht

Einige häufig vorkommende Symbole und ihre möglichen Bedeutungen seien hier im Sinne eines ersten Orientierungsangebots aufgelistet und den drei Phasen – Davor, Hindurch und Danach – zugeordnet. (Zur Einordnung in den inneren Entwicklungs-, Reifungs- und Sinnfindungsprozess des Menschen vgl. auch die Auflistung in Renz 2009, S. 80–81).

Davor

Hier wird nur selten symbolisch erlebt, weil das Ich im Davor noch voll und ganz über seine Ich-Funktionen verfügt und noch verdrängen kann, was später unkontrolliert aufbricht. Und doch gibt es bisweilen ein Ausweichen ins Symbolische, etwa bei Menschen, die sich gegen alles bewusste Loslassen oder Einwilligen verbarrikadieren, derweil es im Unbewussten ›brodelt‹. Statt Themen zu ›durchleiden‹, errichten sie um ihr Ich herum einen Schutzwall. »Es« – der Kampf, das Loslassen – geschieht dann auf halbbewusster Ebene. Damit ersparen sich Patienten die bewusst wahrgenommene Demütigung oder Scham, mitunter auch das für ein Sterben wichtige bewusste Eingeständnis von Schuld im Leben. Sterben, Minderung in Lebenskraft und körperlicher Schönheit wird in sich schon zur narzisstischen Kränkung des Ichs. Wo das Ich im Sich-Aufbäumen verharrt, verlagert sich der Sterbeprozess mit dessen Themen wie Übergang, Abschied, Aufräumen, Freiwerden von Schuld nicht selten ins Symbolische. Geschützt von der Rätselhaftigkeit der Symbole, kann einem niemand so genau in die Karten schauen.

Es gibt auch andere Beweggründe für ein Erleben im Symbolischen als Verdrängung: etwa Hirnmetastasen. Aber auch eine besondere Teilhabe an den Abgründen und Geheimnissen von Leben und Schicksal. Ich beobachte immer wieder, dass höchst eindrückliche Persönlichkeiten im Zugehen auf den Tod nochmals zu letzten Bewusstwerdungsschritten ansetzen. Ihr innerer Weg, der wohl auch bei ihnen nie völlig im Tageslicht des Bewusstseins endet, führt sie bisweilen tiefer hinein ins Reich von menschheitsgeschichtlichen archetypischen Themen. Der symbolische Ausdruck ist letzten Geheimnissen näher als das Wort. Inutitiv wird umkreist, was unfassbar bleibt. Auszeichnung und Zumutung in einem. Können wir Sterbenden und ihren Angehörigen in dem ihnen Zugemuteten helfen? Können wir ihre Bilder verstehen? Aus welchen Sehnsüchten heraus und worauf hin konstellieren sich Energien? Was genau wird geschaut – vorerst im Davor?

1. Man steht vor dem Meer und stürzt hinein; man verirrt sich im Wald, ist im Nebel, im Sumpf oder im Dickicht oder verliert sich in der Einöde. Solche Szenen stehen für die innere Annäherung an Urbefindlichkeiten, durch

die es jetzt hindurchzugehen gilt. »Vom Regen in die Traufe.« Der Fall ins Bodenlose steht bevor.

2. Man steht vor einer Hürde, einem Schutthaufen, einem noch verschlossenen Tunnel, einer Röhre oder überhaupt auf einem riesigen Bauplatz, was besagt: In der Seele wird (um)gebaut. Hier geht es um Durchgangsmotive aller Art.
3. Eine schwierige Reise oder Bergwanderung steht bevor und ist zu bestehen. Schwierigkeiten stehen im Weg: Ein Flugzeug fliegt nicht, das Auto ist kaputt, der Proviant fehlt usw. Manchmal wird ein anderes Fahrzeug gesehen, ein »Veloauto«, eine »silberne Untergrundbahn« etc. Hier geht es um Reiseutensilien und Fahrzeuge für die Überfahrt. Womit wir einst ›gut fuhren‹ (alte Lebensmuster), taugt nicht länger, Neues wird gesucht. Zunächst geschieht dieser Prozess unter den Vorzeichen von Druck und Stress. Doch wo begriffen wird, worum es hier geht, entsteht auch eine Atmosphäre anderer Art (verheißungsvoll, silbern, glänzend).
4. Ein Vogel mit lahmen Flügeln: Gebunden an sein »letztes Nest« sieht er sein Ende kommen. Vielleicht verweist das Bild vom »Aschenvogel« auf den Phoenix der griechischen Mythologie, der aus der eigenen Asche neu auferstehen wird. Wo immer sich das Phönix-Motiv anbahnt, ist Wandlung in Sicht.
5. Dreck, Seelenputz.
6. Die eigene Nacktheit. Alle Kleider sind gestohlen worden, das Festkleid ist unauffindbar. Panik, zu spät zu kommen, weil man noch nicht ›bereit‹ ist oder weil etwas noch nicht in Ordnung ist.
7. Riesentiere, Riesenspinnen, Ungeheuer, Drachen, Wölfe,

der schwarze Mann. Die Erfahrung mit dem Numinosen kündigt sich an: noch im Davor, doch das Hindurch ist nicht mehr fern. Solche Bilder stehen für die bedrohlich gewordene Schwingungswelt, wobei auch verdrängte Inhalte aus der eigenen Biographie bildhaft einfließen (etwa zurückliegende Traumata).

8. Verkabelungen, die nicht funktionieren, gleichzeitig gibt es ein Elektrizitätswerk anderer Art. Alte Verbindungen und Verbundenheiten sind vorbei, neue ›Anschlüsse‹ noch nicht gefunden. Die energetische Dimension.
9. Augen, ein großes Auge. Die Erfahrung des Angeschaut-Werdens vom und im Numinosen. Manchmal ist damit ein Verfolgungswahn verbunden, meist ›will‹ das symbolische Auge ›berühren‹, Beziehung herstellen.
10. Schwarz, grau – das ist die getrübte Sicht des Ichs, das nicht hinüber sieht, noch hindurch.
11. Fluch, Teufel, schwarz neben weiß (etwa ein weißes und schwarzes Kabel als energetische Aussage). – Damit kommt zusätzlich zum Thema des Verdrängten und Tabuisierten (Verschatteten) noch die geistige und energetische Dimension des offenbar anstehenden Kampfes zwischen guten und bösen Mächten zum Ausdruck. Auch wenn wir nichts über eine solche Dimension wissen, gibt es doch Patienten, die von solchen Bildern berichten und ihrerseits ahnen, dass es solche Mächte gibt.

In all diesen Bildern hilft sach- und symbolkundige Unterstützung. Im Davor und vor den Gefahren wie gebannt stehen zu bleiben, hilft nicht weiter. Es braucht die Ermutigung zum Fall, zum Sprung, zum Zulassen oder Geschehenlassen, zum Hindurchgehen oder wie auch immer dieser Prozess gesehen wird. Manchmal helfen Schutzzeichen, manchmal auch nur die Ermutigung zum Vorwärtsgehen.

Hindurch

Im Hindurch geschieht Wandlung. Das heißt, oftmals wird nicht mehr ›geschaut‹, sondern nur noch gezittert, geschwitzt, durchgestanden. Wo es im Symbol geschieht, etwa wie folgt:

1. Das Meer tut sich auf, ein Schlund ist da (vgl. Drachensymbol). Der Fall findet statt. Urängste und bedrohliche Urbefindlichkeiten sind entfesselt. Die Verlorenheit im Wald, im Nebel oder in der Einöde ist total. Es ist schwarz, nass und kalt oder heiß. Das Ich gibt auf. Man fällt. Die Nacktheit ist zur Wehrlosigkeit geworden. Alles fällt über einen her …. Irgendwann wird aus der erdrückenden Masse die Vorahnung einer Summe von Einzelteilchen oder Farbpunkten, der Schlund/das Verließ hat eine winzige Standfläche oder es entsteht Bewegung – sprich Veränderung.
2. Man ist in einer Röhre oder in einem Tunnel. Enge. Die Baustelle expandiert, Explosion, tosender Lärm. Vorerst eingeklemmt zwischen Hürden oder umschlossen von Bergen, die irgendwann zu Durchgängen werden.
3. Die Reise geschieht. Sturm, das Flugzeug stürzt ab. Oder es taucht irgendwann überhaupt erst auf und fliegt. Hindernisse (Tiere, Mauern) werden größer und größer, enger und enger und sind dann plötzlich weg. Utensilien sind nicht mehr wichtig.

4. Lähmung breitet sich aus. Im Symbolkreis des Phönix wird im Hindurch etwa nur mehr »Asche- und Rauchwolke« gesehen. – Enge und Lähmung werden gefühlt »wie in einem Cocon«. Man ist »eingeschlossen, lebendig begraben«. Das Bild vom Cocon verweist seinerseits auf Wandlung: durch Verpuppung hindurch, von der Raupe zum Schmetterling.
5. Dreck, der Seelenputz ist jetzt in vollem Gang. Wo der ganze Körper zum Symbol wird, herrschen u. U. größte Unruhe, Juckreiz, Erbrechen u a.m.
6. Frieren und schlottern (sei es in der Konsequenz des inneren Nacktseins oder als Ausdruck totalen Verlorenseins). Aber auch Hitze und außerordentliches Schwitzen kommen häufig vor. Manchmal geht es durch ein Feuer hindurch. Nackt zu sein, ist Symbol für ein Eintrittstor in die Unterwelt, für die seelische Reinigung und Ganzwerdung. Das heißt, es will offensichtlich werden, wer man ist und ein Leben lang war. – Nacktheit oder der Zwang, sich immer wieder auszuziehen, kann aber auch heißen, dass die Zeit gekommen ist, nackt, d.h. als derjenige, der ich in meinem Kern bin, eine heilige Begegnung zu wagen. Vom Schein zum Sein.
7. Überwältigt von Riesentieren. Inbegriff von Ohnmacht, Enge, Ekel, Allergie, Umgetrieben-Sein. Auch hier ist eine Auflösung in einzelne Moleküle möglich oder einfach ein Hindurch. Manchmal hilft und geschieht hier Schutz, es zeichnet sich aber noch nicht ab, dass der Drachenschlund zum Mutterschoß wird.
8. Netzwerke und Anschlüsse sind abgebrochen. Alles fällt in sich zusammen oder man fällt selbst aus allem heraus oder ins All hinein. Oder man wird geblendet, durch-

leuchtet, aufgelöst. »Es« – etwa das visionäre Geschehen oder etwas Außerirdisches – findet statt. Hier sind Brücken gefragt: hinauf, hinüber, hinein. Auch der Regenbogen als Verbindung von Himmel und Erde oder »die Leiter« (Himmelsleiter) können Brückenfunktion einnehmen.

9. Das im Hindurch geschaute Auge versengt, vernichtet, beschämt. Man möchte in den Boden versinken. Es ist genau diese bedrohliche Qualität von Angeschaut-Sein, wo Wandlung ansteht. Beim Augensymbol geht es radikal, wie nirgendwo sonst, um das Zurücknehmen einer Projektion (etwa im Gefühl, der andere sei ein Drache. ›Draco‹ bedeutet ethymologisch ›der Scharfblickende‹). Erlösung – wenn sie denn sein darf – geschieht, indem der Patient dieses Auge plötzlich nicht mehr als bedrohlich erlebt. Im Gegenteil: ein tief berührendes Auge von trauerndem oder flehendem Ausdruck, vielleicht mit einer Träne darin. Auch das Ehrfurcht auslösende Auge verweist auf Wandlung, das Auge im Dreieck ist ein Symbol für Jahwe.
10. Wo eben noch ›einfach schwarz‹, ›rundum grau‹ war, eskaliert dies jetzt zum ›Inbegriff von Grauen‹ (eisige Kälte, höllische Hitze, endloses Nass usw.). Manchmal tritt eine Spaltung ein: Das Schwarz wird gespalten, es ereignen sich Bruch, Bewegung, Verdampfung.
11. Der Fluch lastet bleiern, ins Schwarze oder Feuerrote tritt der Teufel. Dunkle Energien (etwa schwarze Kabel) erhalten Oberhand im geistigen Machtkampf mit Energien des Lichts (den weißen Kabeln). Man ist dem Untergang anheim gegeben, besiegt – und doch im letzten nicht getroffen, sondern unbehelligt.

Hier brauchen Patienten Begleiter, die Sicherheit und Kompetenz im Umgang mit der finsteren Welt vermitteln können, was aber nichts zu tun hat mit Magie oder Exorzismus. Ich habe die Erfahrung gemacht, dass es bisweilen hilft, wenn ich Engel herbeirufe, Patienten ein Kreuz auf die Stirn zeichne oder einen schützenden Kreis um sie herum abschreite. All dies in der Hoffnung, diese ihrerseits symbolträchtige Sprache werde vom Patienten intuitiv verstanden. Manch einer spricht plötzlich englisch und gibt auf diese Weise dem Engelnahen Ausdruck. Manchmal hilft es, wenn ich ausspreche, was ich im Symbolischen erkenne: »Sie brauchen jetzt eine Brücke«, »dieser Schlund ist wie ein Drachenschlund, der verschlingt. Aber Sie bleiben heil da drin und es wird sich öffnen.« Vor allem muss ich selbst zur unbedingten Gewissheit finden, dass gute Mächte tiefer tragen als das abgründig Verschlingende, dass das Licht im letzten stärker ist als die Mächte der Dunkelheit – wohl wissend, dass nicht das Ich diesen Sieg herbeiführt, sondern dass Wandlung genau dort geschehen kann, wo das Ich kapituliert und sich einem Letzten anheimgibt. Im Hindurch brauchen Patienten unsere Festigkeit und den Zuspruch der Wandlung.

Danach

Das Danach ist demgegenüber meist stille Realität in wahrnehmbar veränderter Atmosphäre. Wo dieses Hineinfinden ins Danach symbolisch erlebt wird, staune ich, wie sich Engpässe auflösen, Sinnhaftigkeit sich abzeichnet, Antwort gegeben ist. Und dies je in symbolischer Konsequenz (innerhalb desselben Symbolkreises).

1. Aus dem Meer ist eine »wunderbare Wasserwelt«, ein sphärisches Geschehen oder eine Licht- und Farbwelt geworden. Aus dem Wald ein ›Nährboden‹ oder ›Grund‹ überhaupt. Aus der Einöde oder dem Verlorensein ein Heimfinden und Gefundenwerden. Grüne Wiese, Blumenwiese, tragende Wolken.
2. Röhren und Tunnels sind zurückgelassen. Rundum ist Licht, Freiraum, Luft. Farben werden transformiert, von grau zu silbern, vom alten Blech zum glänzenden Metall. Es herrscht ›Andacht auf dem Berg‹.
3. Die Überfahrt ist beendet. Das Flugzeug landet, das Gesuchte ist gefunden. Heimkehr findet statt oder auch Einkehr in ein neues Heim, ein Haus, eine ewige Stadt. Ein neuer Planet, ein Garten etc.
4. Der Vogel ist abgeflogen, fort oder aber (unsichtbar) gelandet. Man fühlt sich frei, vogelfrei. Der Aschevogel hinterlässt Spuren.
5. Wo zuvor Seelenputz war, ist jetzt Würdigung, Krönung, Behütung. Man erhält Kleider aus feinstem Linnen, eine heilige Schreibtafel u. a.m. Gold statt Nichtigkeit, ein goldener Schutz oder Ring, eine Krone.
6. Das Festkleid ist von Gott geschenkt – oder es ist nicht mehr wichtig. Erfahrung von Substanz, Klang, Musik – außerhalb des Körperhaften.
7. Aus dem verschlingenden Schlund wird ein tragender Mutterschoß oder ein geborgenheitspendendes, wiegendes mütterliches Ganzes. Behütet-Sein, bekömmliches Drin-Sein, Teil-Sein. »Eine Schürze, die aussieht wie ein großer Schoß.« (Barmherzigkeit heißt auf hebräisch »Mutterschößigkeit«). Das Motiv vom großen Hut oder den zahlreichen Hüten als Aussage: Da ist man behütet.

8. Neue Netzwerke sind entstanden, ein Spinnennetz, ein Mandala, ein leuchtendes Kommunikations- oder Lichtnetz. Es sind keine von Menschenhand gemachten Kabelnetze, Energie ist einfach so da, nicht länger künstlich ›gemacht‹, sondern aus dem Boden oder der Luft herkommendes Licht, gelb, silbern, glänzend, Geist (vgl. Off 21,23–25). Überbrückungen sind gelungen und nicht mehr wichtig. Der Regenbogen als Friedenssymbol, das alle Farben in sich vereinigt.
9. Das Auge ist Inbegriff von DU und »liebt mich.« Gefühl von Bund, Verbundenheit. Der Regenbogen als Bundessymbol.
10. Auflösung in Licht, in Gelb oder Gold. Häufige Farbszenarien sind Blau, Himmelblau, Violett –, Farben insgesamt ohne Formen.
11. Spaltungen sind überwunden. Der Fluch ist gebannt, das Teuflische ist wie aufgelöst, tot oder verschwunden. Engel haben die Finsternis besiegt.

Insgesamt findet das Ersehnte jetzt statt: das Fest, das Essen, die Hochzeit, der Glanz, die himmlische Musik. Man ist Geladener, wird satt, erfährt Fülle, Friede – ein Angeschlossensein.

5. Faktoren und Schauplätze des Übergangsprozesses – Was hindert, was fördert das Sterben-Können?

5.1 Angst vor dem Leiden

Über die Angst als Hürde inmitten der Schwelle wurde bereits ausführlich berichtet (vgl. Kap. 3). Sie ist Teil des Durchgangs und muss »bestanden« werden – besser gesagt: Hier kann der Mensch nur kapitulieren. Angst kann mehr oder weniger ausgeprägt sein und spielt sich bald mehr körperlich, bald mehr auf der symbolischen Ebene ab. Indikationsorientierte – d.h. auch auf die Symptome der Patienten abgestimmte – und verstehende medizinische und pflegerische Hilfe sowie eine kompetente und not-wendende therapeutische und/oder spirituelle Begleitung unterstützen dieses Hindurch. Angst als schwellenspezifische Emotion ist heutigen Menschen – gesunden wie kranken – meist nicht bewusst. Davon ist weder im Zugehen auf den Tod noch in der öffentlichen Diskussion rund um gutes Sterben die Rede.

Hingegen werden andere Ängste häufig formuliert: Konfrontiert mit einer todbringenden Krankheit oder mit dem entstellten Aussehen eines kranken nahen Angehörigen, äußern die meisten Menschen Angst: Angst vor Ohnmacht und Schmerzen, aber auch Rebellion gegen ein in unseren Augen würdeloses Dasein. Einige äußern Angst vor der Ungewissheit des Todes und vor dem, was nachher komme. Letztere wird immer seltener formuliert, derweil die Angst vor dem Leiden zugenommen hat. Tabuisiert ist heute nicht mehr das Sterben, sondern das Leiden. Wie ein Schreckgespinst greift die Angst vor Leid und Entstellung um sich. Wer hat sie nicht?

Gegen das Umsichgreifen dieser Angst hilft *kompetente Information* rund um die Frage, was Palliativmedizin und -pflege zur Linderung von Leiden beizutragen vermögen und was nicht (6.6). Das setzt voraus, dass wir verstehen lernen, was sich im Sterben *innerlich* ereignet. Die hier erläuterten kategorial verschiedenen Befindlichkeiten (im Ich und Eigenstand wie im Davor versus im Sein und Bezogensein wie im Danach) müssen klarer begriffen, in Konzepte von Palliativstationen und Hospizen sowie in Forschungen einbezogen werden. Es hilft v.a. Patienten und ihren Angehörigen, wenn diese Befindlichkeiten ausbuchstabiert werden und sie dann etwa hören, dass es außerhalb der ans Ich gebundenen Wahrnehmungsweise Schmerzempfindung und Ohnmachtserfahrung gar nicht mehr gibt. Ein entstellter Körper sieht nur von außen so schrecklich aus. Im Innern von Seele und Geist mag sich gleichzeitig ein neutrales, stilles, wunderbar Anderes abspielen. Das wissen wir von vielen Nahtoderfahrungen, die meist dann erlebt wurden, wenn der Körper seinerseits am Rande war. Ich erlebe es aber auch an Sterbebetten Tag für Tag.

Herr Tanner fällt vor jeder neuen Einlieferung ins Krankenhaus in eine alte Traumatisierung zurück: Er zittert, erbricht, hat Atemnot und panische Angst. Es sei wie damals, als sein Vater auf dem Sterbebett lag und nicht habe sterben können. So hässlich habe er ausgeschaut, mit solch leidenden Augen. Und am Schluss sei er stumm dagelegen, die Augen geschlossen, ausgemergelt. Immer noch habe er nicht sterben können. Seit damals wisse er, dass er niemals so leiden wolle. Wie ich Herrn Tanner von den zweierlei Daseinsweisen erzähle (›im Davor‹ und ›im Danach‹ als ein Erleben *außerhalb* des Ichs), hört er fasziniert zu. Und ergänzt: »Sie meinen, mein Vater *selbst* hat weniger gelitten als wir Zuschauende.« Darüber müsse er nachdenken. In der Folge hören seine traumatischen Zustände vor den Spitalaufenthalten auf.

Frau Lütholf, die früher extreme Ängste vor Krebs bis hin zum eigentlichen Verfolgungswahn hatte und deswegen psychiatrisch behandelt worden war, wurde im Zugehen auf ihren Tod geradezu sanft. Sie wollte gar nicht wissen, wie todnah sie sei und wusste es instinktiv doch. Auf dem Sterbebett gab es zwar mehrmals Minuten des Schreckens: Ihre Augen starrten ins Weite, ihr Gesicht erschauderte, das metastasengeplagte Bein wurde unruhig, sie bekundete Schmerz. Doch all das löste sich alsbald wieder auf. Es tat ihr gut, wenn ihr Mann da war, wenn ich Harfe spielte, wenn wir sie an die Mutter Gottes in der Gnadenkapelle von Einsiedeln oder an ihren persönlichen Schutzengel erinnerten. Friede kehrte ein. Manchmal liefen Tränen herunter, dann lachte sie mich an, sagte meinen Namen. Meist schien sie schlicht weit weg zu sein, derweil sich ihre Augenbrauen wie zu einem Staunen erhoben. Immer mehr liebte sie die völlige Stille und starb in der Nacht still und alleine, jenseits aller Angst.

Es ist der Kindteil in uns, den solche totalen Ängste treffen. Ihm genügt es denn auch, erinnert zu werden an ein größeres Behütet-Sein: Sei es mittels stillem Dasein, über Musik oder mittels Zeichen und Rituale, die für einen göttlichen Schutz stehen (vgl. Angststruktur in Renz 2008).

5.2 Kampf

Ähnlich und doch anders ist die Thematik des Kampfes in Todesnähe. Von außen betrachtet, wird durchaus Angst festgestellt, doch inhaltlich geht es um mehr und anderes:

In innere Kämpfe verwickelt, sind Sterbende im Aspekt ihrer Begehrens- und Machtstruktur (vgl. Renz 2008). Dies ist jener Teil in uns, der das Leben nicht lassen *kann* und nicht lassen *will* und der sich kämpfend gegen diesen Verlust seiner selbst wehrt. Eigentlich ist es ein geistiger Kampf: Sterbende ›verirren‹ sich kämpfend in jene geistige Dimension, wo höhere Mächte gegeneinander kämpfen.

Man muss etwa das alttestamentliche Buch Daniel oder die Bilder der Offenbarung des Johannes kennen, um die Not und das Erlösende innerhalb solcher Visionen besser zu verstehen. Die Offenbarung des Johannes ist eine Trostschrift, die – durch Kapitel voller Schrecken hindurch – besagt, dass es einen Sieg im Hindurch gebe. *Sieg* also ist verheißen, das ist ein Machtwort (Machtstruktur). Und zwar Sieg nicht im Ich, mit dessen Waffen oder königlichen Heerscharen, sondern Sieg *in* der und *durch* die *Kapitulation*. Religiös und bildlich gesprochen, muss hier nicht der an der

Wiege stehende Schutzengel, sondern der im Kampf gegen das Böse hervortretende Erzengel Michael (der große Engelfürst, der für die Söhne des Volkes Israel eintritt – vgl. Dan 12,1) angerufen werden. Schlussendlich tritt als Sieger im Kampf und begleitet von Heerscharen von Engeln der »König der Könige, Herr der Herren« (Off 19,16) hervor; in Bildern, die Sterbende manchmal beschreiben, etwa: Der Sieg des Lichtes über die Finsternis. Was solche Kämpfe charakterisiert: Nicht *ich* siege (das Ich, das vielleicht zitternd zuschaut), sondern Sieg kommt vom Ziel her entgegen, derweil das Ich – kapitulierend – dieses Sieges teilhaftig wird. Das heißt zugleich, dass sich der Mensch in seinem Wesentlichen, Innersten wieder angeschlossen erfährt ans Ganze von Schöpfer, Schöpfung und Geschöpf. Ja, er hat daran auf neue Weise Anteil. Von Sterbenden etwa erlebt als »das gute, sich abrundende Ende des Schicksals«, »die geschaute tiefere Sinnhaftigkeit hinter dem Unverstehbaren«, »die innere Größe durchlittener Bewusstwerdung«, die mehr als nur Trost im Nachhinein ist, sondern höchste Auszeichnung.

Dass es im Vorfeld des Todes Kämpfe gebe, ist also nicht nur antiquierte theologische Theorie, sondern Erfahrungsrealität Sterbender. Der Kampf ist nicht etwa nur jenen Menschen zugemutet, die etwas zu bereinigen haben. Apokalyptische Kämpfe sind auch nicht einfach Sache naiv glaubender Menschen. Als Erfahrungsrealität Sterbender ereignen sie sich – unabhängig von Glaube und Religionszugehörigkeit – dort, wo sich Willensstärke, Verweigerung, Lebensanspruch und damit Macht in letztem Aufbäumen durchsetzen wollen. Oder aber dort, wo Menschen aufgrund ihrer Persönlichkeitsstärke eine außerordentliche Bewusstwerdung zugemutet ist, in der sie gleichsam in diese tiefen Dimensionen des Seins eingeweiht werden. Dann ist Todeskampf zugleich äußerste Erfahrung von Initiation, Erfahrung von letztgültiger Berufung (vgl. die Berufung des Propheten Jesaja 6,1–13).

Klingt es nicht ›abgehoben‹, eine Unterscheidung zwischen Angst und Kampf ausmachen zu wollen, wo doch Patienten auch in Kampfszenarien schlicht und einfach »Angst« signalisieren? Auch hier wird gezittert, geschrien, Patienten haben Schmerzschübe. Und doch steckt mehr hinter dem Phänomen Kampf als nur ›Angst‹. Viele Patienten im Kampf sind unruhig, wälzen sich hin und her. Es kommt in ihnen einfach nicht zur Ruhe, sie sind wie steckengeblieben inmitten ihrer noch unfertigen Entscheidung, sich sterben zu lassen. Ihr inneres Hin und Her zwischen dem Nein und dem Ja, kommt dann ganz körperlich zum Ausdruck. Der Unterschied zur reinen Angst liegt in der hintergründig ins Spiel kommenden *geistigen* Dimension. Ent-Scheidung hat hier mit »Scheidung der Geister« zu tun. Gerade Sterbende im Todeskampf lassen erkennen, dass es ein solches Phänomen geben muss. Der Begriff Angst, wie er von Patienten, Angehörigen und selbst vom Fachpersonal vorzugsweise benutzt wird, ist zu harmlos, um diese Dramatik zu umschreiben; doch er ist gesellschaftlich toleriert. »Angst hat jeder«, beruhigt man sich, während uns beim Begriff Kampf doch ein heimliches Schaudern über den Rücken ginge.

Doch genau darum geht es im Phänomen Kampf: um das Erschaudern. Kann der Mensch, kann das Ich noch erschaudern ob der Größe der Mächte und letztlich ob dem Einen und Ganzen als Inbegriff von Macht? Welche Mächte? Was heißt Macht? Von den finsteren und hellen Mächten ist in der Apokalypse die Rede; wofür sie stehen, ist schwer zu erkennen. Ob von den guten und bösen Mächten oder ob von Gott oder der Schicksalsmacht als der *einen* Macht schlechthin die Rede ist: Der Begriff ›Macht/Mächte‹ besagt primär, wie nichtig, kreatürlich, ohn-mächtig der Mensch als kleines Ich gegenüber diesen Mächten ist. Im Sterben, wenn alle weltlichen Ehrenpositionen und Heldentaten des kleinen Ichs verblassen, tritt dies zutage. Darf es wahr sein? Kann sich das Ich eingestehen, dass das, was wir ›Energie‹, ›Kraft und Kräfte‹ nennen, *mehr* ist als meine – versiegende – Power? Kann das Ich annehmen, dass es erbärmlich (und zugleich erbarmenswürdig) einer größeren Barmherzigkeit anheimfällt? Kann es akzeptieren, dass es nicht versteht und nicht verstehen muss? Kann es diesen größeren Dimensionen gegenüber schlicht sprachlos werden, schweigen? Kann es, im Bild solcher Visionen gesprochen, an seiner kleinen Stelle einfach stehen bleiben? Etwa inmitten eines Hin und Her zwischen schwarzen und weißen Wolkengebilden, zwischen dunklen und hellen Drahtgeflechten? (Vgl. die Auflistung zum symbolischen Erleben Kap. 4.3).

Überall dort, wo es nicht nur um die dem inneren Kind nahe Angst geht, sondern wo der Mensch darüber hinaus auch energetischen Realitäten, Ambivalenzen, heftigen Emotionen wie Wut und der Wucht riesiger Mächte (Räuber, Riesen, Riesentiere) oder dem Kampf zwischen Licht und Finsternis ausgeliefert ist, befindet er sich in einem ›Bezirk des Kampfes zwischen den Mächten‹. Überall da ist es in der Begleitung entscheidend wichtig, die spirituelle Dimension zu durchschauen und anzusprechen. Etwa als Aufforderung: »Kämpfen Sie weiter, bis die Engel kommen; in deren Licht hinein können Sie loslassen.« Oder: »Bleiben Sie nicht stehen, gehen Sie weiter, weiter, weiter.« Wo jemand zaudert, erkläre ich vielleicht: »Ihre Alternative heißt: entweder elendiglich so daliegen oder sich besiegen lassen. Aus meiner Erfahrung mit Sterbenden sage ich Ihnen, dass ›es‹ sich genau dann öffnet, wenn Sie aufgeben.« Oder: »Hier können Sie nur noch springen, wie vom Sprungbrett aus, ins Unbekannte, Dunkle hinein. Doch die Erfahrung lehrt mich, dass es dann hell wird.« Ein anderer Sterbender muss vielleicht hören: »Ihr Wichtigstes bleibt erhalten, auch wenn es am Ort, wo Sie jetzt sind, so ist, als müsste man alles preisgeben. Ihr Wichtigstes bleibt.« – Wenn Menschen gar stundenlang im Kampf verstrickt sind, fordern sie bisweilen richtiggehend meine Heftigkeit heraus. Dann insistiere ich mit Sätzen wie: »Lassen Sie sich überlisten, lassen Sie sich besiegen, das Licht oder der Engel kommt nach.« Oder ich biete ihren um sich schlagenden Armen Widerstand an oder gebe ihren liegenden Beinen und Füßen mit meinem Knie Trittfläche zum Abstoßen. »Stoßen Sie …, springen Sie …, wagen Sie es …, es wird schön.«

Frau Petermann, Agnostikerin, kann nicht sterben, sich weder von ihrem Gatten noch von der Tochter lösen, und schon gar nicht von ihrer Lebenslust und Lebensgier. Gierig greift sie nach allem und lutscht daran, wobei ihr Durst gemäß ärztlichen Angaben nicht – wie manchmal auch möglich – ein primär medizinisches Problem zu sein scheint. Auch sei ihre Angst ›riesig‹, sagt sie. »Versteht mich denn niemand?« ruft sie verzweifelt ins leere Zimmer. Tage später scheint sie irgendwie ›drüben‹ zu sein, somnolent, aber noch ansprechbar. Jetzt sterbe sie, das Tor sei da, gelb, murmelt sie.

Minuten später ist sie wieder im Besitz genommen von ihrem Ich, dessen Gier und Angst. Sie zittert. Sie wolle nicht sterben – und später »doch sterben«. Ihre Hände greifen wie verzweifelt nach den meinigen und halten sie fest. Es ist, als würde sie erschrecken. »Befinden Sie sich in einem inneren Fall?« frage ich. »Genau!« bestätigt sie. Ich erzähle ihr nun aus dem Märchen der Frau Holle. Ich erläutere, auch dort habe es ein Fallen durch den Brunnen hindurch gegeben, das schlimm gewesen sei: Voller Herzensangst sei die Goldmarie gesprungen. Doch unten habe sie die Wiese mit den tausend Blumen vorgefunden, den Backofen mit dem ausgebackenen Brot, den Baum mit den reifen Äpfeln. Und vor allem die ihr gütig gesinnte Frau Holle. In diesem Reich erübrige sich alle Angst, die Seele könne einfach ›haben‹, wessen sie bedürfe. Frau Petermann horcht, … strahlt … und ist für Minuten weg. Wieder da, bestätigt sie: »Frau … Wiese. Genug.« Mehrmals taucht sie auf und wieder ab, jedes Mal helfen ihr Aussagen dieses Märchens: einmal als Bild einer wunderbaren Wiese, dann im Aspekt des Sattwerdens an Nahrung, dann im Aspekt des guten Großen Mütterlichen. Ihr Mann steht daneben, staunt ob solcher Zufriedenheit und ist beruhigt.

Am nächsten Tag werde ich erneut gerufen: Frau Petermann habe Angst. Ich erkenne auch Kampf. Ihr Körper wirft sich hin und her. Sie wolle nicht sterben, bestätigt sie meine Frage. Wer könnte das nicht verstehen in Anbetracht ihrer zurückbleibenden kleinen Kinder. Doch darum scheint es nicht mehr zu gehen. Auf ihre Kinder angesprochen, kommt keine Reaktion, nichts erreicht die schreiende Frau. Ich bin verzweifelt und wage schließlich die Frage, ob sie wütend sei auf Gott? »Jahhh.« Weiterhin wälzt sie sich hin und her. –

Dann öffnen sich ihre Augen. Frau Petermann schaut mich entgeistert an. Ob es schauerlich sei da, wo sie jetzt sei? Sie schreit. Ich taste mich vor mit immer neuen Fragen, bis mir aufgeht, dass sie sich inmitten eines fressenden Dunkels fühlt, das Böses im Schilde führt. Ob sie verstehe oder nicht: Ich sage, dass ein solches Erleben normal sei. Und dass es jetzt darum gehe, ganz in dieses Dunkel hineinzugehen, sich davon ›verschlingen‹ zu lassen. Auch die Goldmarie im Märchen sei gesprungen – ins tiefe Dunkel des Brunnens hinein. Ich fahre fort, dass es dann plötzlich hell werde um sie herum, dass gute Engel oder Kräfte für sie sorgen würden. Und ich rufe – um es symbolisch konkret zu machen – Engel an. Dann erzähle ich der früher so intellektuell interessierten Frau und Agnostikerin vom Erzengel Michael, welcher in der Bibel dargestellt sei als Engelfürst (Dan 10,13) und Engel der Endzeit, der angetreten sei, um gegen den (verschlingenden) Drachen zu kämpfen, ihn zu stürzen und so Sieg und Rettung herbeizuführen (Off 12,7–10). Frau Petermann horcht auf. Ihre Augen bewegen sich drehend, als würde sie die Umrisse von etwas innerlich Geschautem umkreisen, und schließen sich dann. Sie atmet ein und aus. Innerhalb weniger Minuten wird ihr Körper ruhig, der Muskeltonus entspannt, die Gesichtszüge nehmen ein fast weises Lächeln an. Ein Wort nur noch: »Grün.« Ist das Initiation? Hat Frau Petermann – sich fallen lassend – zur Lebens- und »Grün«-Kraft Gottes (vgl. Riedel 1989, S. 37) gefunden, eingeweiht ins Mysterium von Sterben und Neuwerden? Noch zwei Tage war sie ruhig da und konnte dann friedlich sterben.

Ähnlich und anders Frau Panhofer: Die Sorge um ihre kleinen Söhne lässt die spindeldürre todkranke Frau nicht los.

Zunächst *will* sie nicht sterben. Wochen später *kann* sie nicht sterben, auch wenn sie vernunftmäßig bereit wäre dazu. Immer neue Unruhe- und Schmerzschübe machen es ihr schwer. Die kleinen Kinder mögen ihrerseits nicht mehr ans Sterbebett kommen. Das scheint die Sterbende fast zu verletzen. Doch weshalb wohl? Liegt hier ein Schlüssel für ihr Warten? Es sei eine gute Pflegefamilie gefunden worden, beteuert der Vater, scheint aber von der halb geistesabwesenden, halb erstarrten Frau nicht gehört zu werden. Schließlich frage ich: »Frau Panhofer, es könnte auch um den Wert Ihres Mutterseins gehen; darum, dass Sie hören müssen, dass dieses nicht vergeblich war, sich nicht mit Ihrem Tod erübrigt. Etwas von Ihrer Mutterliebe bleibt in beiden Jungen und im Vater weiterhin da – wirksam.« Und – den Begriff Gott als das Ganze einführend – ergänze ich: »Ihr Muttersein geht nicht an Gott vorbei. Gerade Sie waren Persönlichkeit, Ihr Lebenswerk bestand aus Ihrem Muttersein.« Ihr Atem wird intensiv, gefolgt von einem leisen Ton beim Ausatmen. Zwei Tage noch war sie friedlich da und konnte dann hinübergehen (vgl. auch Letzte Reifung, Kap. 5.5).

5.3 Vom Sich-Aufbäumen zur Einwilligung

Sterben ist auch ein Hineinfinden in ein alles umfassendes Ja. Dieses Ja ist eine Grund- oder Endbefindlichkeit, die all die einzelnen »Nein« und »Noch nicht« nochmals umfängt oder unterfängt. K. Rahner spricht von einer anonym bleibenden Grundentscheidung (1982, S. 175 f.), von einem

Grundakt äußerster Freiheit (2004, S. 142–151). Das Ja muss gesucht und gefunden werden – ist aber zugleich, ja mehr noch, ein Sich-finden-*lassen*. Im Letzten also Gnade, die sich dort ereignen kann, wo der Sterbende vom Tun zum Geschehenlassen, vom »Noch nicht« zum »Ja« findet.

Schon am kleinen Wörtchen »noch«, wie es bisweilen aus dem Mund von todkranken Patienten kommt, wird die Schwellensituation und deren Übergangsbefindlichkeit nachvollziehbar. Im ›Noch‹ (»Noch bin ich da«) wie im ›Noch nicht‹ (»Noch bin ich nicht so weit«) ist das Ich noch ganz da und schaut an die Schwelle heran (das Davor, auch vor der Wahrnehmungsverschiebung). Die bevorstehende Veränderung, das ›heranrollende Gewitter‹ wird vom bedrohten Ich zwar wahrgenommen, aber noch ist es stark genug, um sich der näherrückenden Gefahr entgegenzustemmen. Noch ist es im Trockenen. Noch geht es einigermaßen gut. Im ›Noch‹ oder ›Noch nicht‹ ist das Ich nicht gleichermaßen verweigernd wie im Nein, aber doch abwartend. Der Weg hin zur Einwilligung ist vielleicht sanfter als in der Realität des Kampfes. Der im Noch verharrende Sterbende blickt zurück, dann wieder zur Schwelle, zögert, lässt sich von den Möglichkeiten der Verlängerung des Lebens und der ichhaften Genüsse (ein Essen an einem feinen Ort, eine Autofahrt mit dem Jaguar, ein nochmaliges Zusammensein mit dem Partner) verlocken. Manche lassen sich aufhalten – bis hin zum Überdruss: Das Essen muss erbrochen werden, die Autofahrt ist schmerzhaft und löst Schwindel aus, das Zusammensein mit dem Partner hat sich als öde und hohl herausgestellt. Immer wieder gehen die Gefühle hin und her, steigen innere Hindernisse auf und klingen ab. Bis die Zeit im Ich definitiv wie ›überschritten‹

ist oder sich Neugierde auf ein Künftiges einmischt: »Was kommt wohl?« So öffnet es sich langsam, ein Suchprozess beginnt.

Der Suchprozess geht geheimnisvoll über in ein Finden: Müde geworden, hat das Ich aufgehört, die immergleichen Fragen nach Leben, Schicksal und Sinn zu stellen, aufgehört, zu fragen, zu wollen, zu denken, ja Bedürfnisse im Ich überhaupt noch zu fühlen. Es (das wollende, denkende, sich um sich selbst sorgende Ich) hat sich losgelassen, und ist damit im Hindurch drin. Und wird geheimnisvoll gefunden von jenem Ja, jener Einwilligung, die der Mensch willentlich nie erreichen kann, die ihm aber doch vom Leben geschenkt wird. Das Ja muss dabei nicht zwingend ausgesprochen werden, es kann auch schlicht gelebt oder unbemerkt ›ge-atmet‹ werden.

Der von E. Kübler-Ross beschriebene Einwilligungs-Prozess (vgl. Kap. 2.1) ist, sogesehen, auch im Sterben nochmals relevant, geschieht aber hier selten bewusst. Dass er rund um die Krankheitsverarbeitung schon viele Male durchlitten wurde, kommt dem Sterbenden nun helfend entgegen. So, als würde *die vertraute energetische Bahnung* (vom Nicht-Wahrhaben-Wollen über das Sich-Aufbäumen, Feilschen, die Depression bis hin zur Zustimmung) jetzt unbewusst nochmals abgeschritten. Der Prozess hin zum Ja ist im Sterben eine brüchige Angelegenheit, schubartig geht es vor und zurück. Nochmals muss losgelassen, müssen Leben und Leiden »heimgebracht« werden (Nouwen 1998, S. 94). All das, auf schwingungsmäßig-musikalischer Ebene (vgl. Kap. 4.1).

Das Hineinfinden ins gelebte Ja kann als tiefes Einswerden mit sich selbst und allem Sein begriffen werden. Es ist ein schwingungsmäßiges Einverständnis, das zugleich ›Im-Einklang-Sein‹, Verstandensein, Verständnis, Verstehen und Einwilligen meint und auch Frieden bewirkt. Als tief innerer Grundakt ist dieses Ja anders als das ausgesprochene Wort, körperhafter, alles Gewesene nochmals umfassend:

Ein Ja zu mir und meinem Dasein, zum Leben, zu meinem Körper, seinen Unansehnlichkeiten und Krankheiten. Ein Ja zu meiner Prägung, zur Angst, zu meiner Kindheit. Ein Ja zu Menschen und Institutionen, die mir Leid angetan haben, zu unserer Kultur und zu Gebundenheiten. Ja auch zu meiner Schuld und meinen Grenzen. Im letzten ist es ein Ja zur Schöpfung, zu Gott, zum Tod und auch zum Leiden. Nicht weil Leiden heroisch wäre, sondern weil es Realität ist. Dieses existenzielle Ja meint nicht Fatalismus, aus dem heraus ich nichts mehr ändern will oder kann. Es meint weder Realitätsferne, noch Askese. Vielmehr befreit mich dieses Ja im Leben wie im Sterben zur Lebendigkeit, zur Sinnlichkeit und Dankbarkeit. Es führt mich aus der Schwellensituation hinüber ins unbekannte Land. Es befreit mich im Leben wie im Sterben vom Warten und Gefangen-Sein, aus den ständig länger werdenden Schatten der Vergangenheit in die Zukunft hinein – hinüber.

In solchem Ja erkennen wir nicht nur Demut und Entäußerung, sondern Mut und Persönlichkeit. Man kann es sich nicht vorschnell abverlangen, nicht ohne Tränen und manchmal unerbittliche innere Kämpfe und auch nicht ein für allemal. Und doch ist bereits die Zielvorgabe, zu diesem Ja hinfinden zu wollen, identisch mit einem geistigen Sieg. Im Leben wie im Sterben. D. Sölle formulierte in einem Vortrag (vgl. Batschuns 2001): »›Wollen‹ ist ein spiritueller Grundbegriff.« Mit seinem Entschluss, zu diesem

Ziel irgendwann und irgendwie hinfinden zu »wollen«, ist der Mensch innerlich auch schon darauf hin offen; er gibt sich selbst zur Wandlung frei und findet ja-sagend auf andere Weise – wie Patienten formulieren – »heim«.

Als »Heimgefundene« zeugen Sterbende von Wandlung. Ihr Zustand hat sich verändert, ihre Wahrnehmung ist anders, Schmerzen, Verspannungen und zahlreiche andere Körpersymptome sind vorbei. Anders ist vor allem auch die Erfahrung dessen, was als Subjekt und was als Gegenüber, als Ich und als ›Du‹, als Sein und als das Seiende erahnt wird.

Der Weg dahin kann sehr schlicht sein. Ein Ja muss nichts Großartiges oder Dramatisches an sich haben. Viel häufiger geschieht es im Sterben still, vielleicht sogar heimlich.

Frau Abel ist unruhig. Ich versuche zu verstehen, womit sie beschäftigt ist und frage irgendwann: »Ist es so, dass man einfach nicht Ja sagen kann?« Sie reagiert mit einem fast erschreckten, anwesenden Blick. Ob ich sie ›getroffen‹ habe? Immer noch schaut sie mich frontal an. Behutsam verlocke ich: Sie müsse nicht mir zuliebe, nicht ihrem Mann, nicht ihrer Mutter, nicht ihrem Vater und auch nicht Gott zuliebe Ja sagen. Doch die Erfahrung sei die, dass es den Menschen im Ja besser ergehe. Ob sie das versuchen wolle, vielleicht heimlich, beim Ausatmen? Frau Abel blickt mich immer noch an, wie wenn sie angedockt hätte. Vielleicht hat sie es versucht; jedenfalls war sie in der Folge und bis hin zu ihrem stillen Tod somnolent.

In dieses schwierige, alles umfassende Ja kann sich der Mensch schon zu Lebzeiten einüben. Immer wieder werde ich bei Vorträgen über das Sterben gefragt, ob man nicht vorwegnehmend etwas von den schweren Aufgaben, die im Sterben anstünden, bearbeiten könne. Und ich muss antworten: Man kann durchaus und kann zugleich *nicht*. Einerseits: Man kann sich einüben, sich und das Leben achtsam wahrzunehmen, bewusst zu leben. Sinnlich, aber auch sinnhaft, indem man sich darin übt, dem Leid, wo immer es uns zugemutet wird, einen im Verborgenen liegenden Sinn abzuringen. Und man kann sich immer und immer wieder ›einfinden‹, ja ›einstimmen‹ in dieses große eine Ja. Die Psalmen tun das etwa im Lobpreis. Auf diese Weise entsteht etwas wie eine energetische Bahnung, die in der Tat sterben hilft. So beobachte ich immer wieder, dass Menschen, denen ihr Glaube ›Vertrauen und Bejahung‹ bedeutet, davon im Sterben wirklich getragen sind – hindurchgetragen. Und dies ganz anders als bei jenen Religionsverfechtern, die ihr Gottesbild zwingend oder sogar rechthaberisch selbst noch im Sterben aufrechterhalten müssen.

Andererseits: Sterben ereignet sich trotz helfenden Bahnungen unberechenbar, individuell, als Akt des Überwältigt-Werdens. Selbst nach zwölf Jahren Sterbebegleitung muss ich auch für mich offen lassen, wie sehr ich meinerseits erfasst sein werde von Angst, wie viel an ›Einweihung‹ mir zugemutet sein wird. »Fürchte Dich nicht«, sagten Engel im biblischen Kontext häufig. Der Engel ist Symbol an der Grenze, Bote zwischen zwei Welten. Indem er uns sein ›Fürchtet euch nicht‹ zuruft, sagt er uns indirekt, dass wir es mit einem Bereich zu tun haben, wo im Grunde Furcht angesagt ist. Profaner gesagt: Zum Glück haben wir das Sterben und den Grenzbereich hinüber noch nicht im Griff.

5.4 Familiäre Bereinigungen, Abschiede, Versöhnung

Sterben ist auch Abschied. Es ist Abbruch des Lebens und darin nie harmlos, sondern endgültig und einmalig. Schon das Zugehen auf das Sterben lässt eine Zuspitzung erkennen: im Innern eines Sterbenden, aber auch in familiären Prozessen. Es ist, als wäre im Sterbenden drin alles fokussiert auf den für unser Auge unsichtbaren Übergangsprozess: vom Dasein im Ich – hinübergehend – in eine Wahrnehmung und Welt außerhalb dessen, was dem Ich einst wichtig war.

So lässt sich einerseits erklären, warum viele Sterbende zunächst (im Davor), angetrieben von der Nähe des Todes, Abschiede gestalten wollen, Testamente erstellen, Versöhnung ersehnen, familiäre Prozesse wünschen wie kaum je zuvor. Sie möchten mit bereinigten ›Akten‹, gelöst und ›entlassen‹ von dannen gehen.

Andererseits lässt sich mittels dieses Übergangsgeschehens auch erklären, weshalb Angehörige irgendwann im Sterbeprozess erstaunlich zweitrangig werden (im Danach, teilweise schon im Hindurch). Ihre Zeit ist wie vorbei.

Einzige Ausnahme: Wo große familiäre Sorgen drücken. Wo etwa ein Sorgenkind da ist, welches man mutterseelenallein nicht der Welt überlassen mag. Bei allzu großer Sorge über den Verbleib eines verschollenen Kindes oder im Zeichen eines gravierenden Familienstreites kann dann schlicht nicht gestorben werden. Es gibt jene familiären Sorgen, die über die Zeit hinaus mitgeschleppt werden und vermutlich einfließen in körperliche Schmerzen (total pain), in Unruhe, Widerstand, Kampf und Verzweiflung. Sterbende in solchen

Nöten wie auch ihre Angehörigen brauchen familientherapeutische Hilfe:

Der 60-jährige Herr Bader stöhnt. Schon seit zwei Tagen ist er nicht mehr ansprechbar, doch es stöhnt aus ihm heraus, Atemzug um Atemzug. Keine Medikamente, auch nicht Sedation, vermögen Herrn Bader zu beruhigen. Den Pflegenden geht das sehr nahe. Warum dieses Stöhnen?! Nachdem die Familie Bader therapeutische Hilfe immer abgelehnt hat, wenden sie sich nun an mich. Es sei alles in Ordnung gewesen in ihrer Familie, sie seien katholisch, es sei alles rechtens zugegangen. Beide Kinder erklären mir bemüht, wie sie sich abgelöst hätten. Die Mutter sei vor zwei Jahren gestorben.

Die Atmosphäre ist steif. Ich erfahre kaum etwas über das Wesen des Sterbenden. Was war ihm zu Lebzeiten wichtig und lieb? Wer mag er gewesen sein? Eine ehemalige Freundin kommt ihn besuchen, sein stöhnendes Atmen intensiviert sich. Ob *sie* mir mehr über ihn erzählen könne? In dieser Familie habe man viel geschwiegen, berichtet sie. »Hhhhh«, reagiert der Sterbende. Ein offenbar zentrales Wort. Was wurde verschwiegen? Wer hat geschwiegen? Sie habe nie eine sexuelle Beziehung zu ihm gehabt, aber etwas zärtlich seien sie zueinander gewesen, meinte die ehemalige Freundin. Daraufhin habe seine Frau Herrn Bader über Tage angeschwiegen. Eine steinerne Mauer habe sie um sich herum gebaut. Nie habe das Ehepaar darüber gesprochen, auch nie über sonstiges Wesentliches im Leben. Ob Herr Bader mit-versteinert wurde in dieser Atmosphäre, frage ich mich. Daneben nach wie vor dasselbe unerträgliche Stöhnen des Sterbenden. Und nach wie vor auch das seltsame Gefühl seiner Präsenz. Hört er? Horcht er? Ich beginne zu fragen, ob er sich denn nie gewehrt habe. »Haben Sie nie geschrien?« – »Heeeh!« schreit es aus ihm heraus – wohl jener Schrei, der da war, bevor seine Seele zu Stein wurde. Ich erschrecke und beginne zu begreifen: *Jetzt* kommt der Schrei heraus. Als Versteinerter konnte er nicht sterben. Er muss nochmals lebendig werden, fühlen und jenen Schrei schreien, um dann vielleicht sich selbst loslassen zu können. Ich ermutige Herrn Bader und sage, dass seine Frau dort, wo sie jetzt sei, diesen Schrei wohl höre – und verstehe. Sie sei jetzt sicherlich eine andere, alles sei drüben ganz anders. – Es ist, als fühle sich Herr Bader verstanden, sein Schrei klingt langsam aus.

Auch Herr Lehner, Vater mehrerer Kinder, konnte einfach nicht sterben. Drei Wochen lang lag er reglos da, im Koma. Woran es denn fehle, fragte seine Frau. Sie hätten doch alles geregelt. Alle Kinder seien da gewesen. Auf jedes habe er reagiert. Ich frage nach seinem Leben, ob sie erzählen möge, was für ein Mensch ihr Mann gewesen sei. Lebensfroh, schüchtern sei er gewesen, viel gearbeitet habe er – ja, und den Sohn aus erster Ehe habe er nie vergessen. Doch der komme nie ans Sterbebett, er sei sowieso selbst in der Klinik. Und sie wolle ihn auch nicht hier haben. Ich sage, dass ich verstünde, dass dies schwierig wäre für sie. Vielleicht sei es aber für den Vater wichtig, zumindest etwas auch über dieses Kind zu hören. Ob sie in Erfahrung bringen könne, wie es diesem Sohn gehe? Ungern, aber doch irgendwie berührt vom Ernst der Stunde, willigt die Frau ein. Am nächsten Tag kommt sie auf mich zu und berichtet: »Ich weiß nicht, wo Fabian ist. Ich habe nichts ausfindig machen können.« Ich glaube ihr. Doch was tun? Ich frage: »Glaubt

Ihr Mann an Gott?« – »Nicht direkt, aber irgendwie schon, er saß gerne in einer leeren Kirche.« – Gemeinsam gehen wir nun ins Zimmer des Sterbenden. Seine Frau sagt kein Wort. Ich ermutige sie: »Sagen Sie Ihren Namen und dass Sie da sind.« Auch ich stelle mich vor. Der Mann reagiert nicht. Nun spreche ich ihn an und sage: »Alle Kinder waren da, nur Fabian« – ich kann den Satz nicht fertigsprechen, weil ich von einem Stöhnen unterbrochen werde. Seine Frau erschrickt: »Er hört ja!« – »Natürlich hört er, er ist da, er wartet«, insistiere ich. Und an ihn gewendet, formuliere ich: »Herr Lehner, denken Sie, Gott ist so groß, da hat auch Fabian seinen Platz, wo immer Fabian jetzt ist. Und Fabian hatte einen Vater, der ihn nie vergessen hat. Auch das geht nicht an Gott vorbei.« Noch einmal folgt ein Stöhnen, dann ein tiefes Atmen. Es dauerte nur noch Stunden – und dieser Vater konnte sterben.

5.5 Letzte Reifung

Für manche Sterbende, die sich im Davor befinden und ihrem Ende entgegenschauen, ist der Lebensrückblick wichtig. Als wäre da ein inneres Drängen von einem unsichtbaren Ziel *her* und zugleich auf dieses Ziel *zu*. Es ist dann, als möchte ausgerechnet jetzt noch zusammenfinden, was nur in Bruchstücken vorliegt: Unverstandenes will verstanden werden, Zufälliges sucht nach Sinn. Was auf der Strecke blieb, will noch ins Leben hineingeliebt werden, was unausgesprochen blieb, ins Wort finden: Bewusstwerdungs- und Integrationsarbeit.

Biographiearbeit am Sterbebett bleibt immer Stückwerk, fragmentarisch, und will es auch bleiben. Therapeutischer Ehrgeiz ist hier nicht gefragt. Hier kommt ein wichtiger Brocken zutage, dort ein anderer; dazwischen bleibt vieles unangetastet. Und doch ist ein Drängen da, dem Raum und Erlaubnis gegeben werden muss. – »Alles möchte noch hineinfinden ins Gebet«, sagte mir weinend ein älterer Mann: die Kriegsjahre, die erste Liebe, die Ehe und seine Frau, die Kinderlosigkeit, das nie Endende der Arbeit auf dem Bau. Alles schreibt er auf mit Blick auf seine Beerdigung. »Und was wird aus den vielen Briefmarken?« fragt er traurig. Ob ich niemanden wüsste, einen Jungen, dem er sein Sammlerwerk überreichen könne? Es ging um Briefmarken und darin doch um mehr: Wie geht es mit meinem Lebenswerk weiter? Wo hinein münden die gelebte Lebensfreude ebenso wie das durchlittene Leid? Es wurde ein junger Erbe für seine Marken gefunden. Der Mann konnte sein Werk überreichen, fand aber auch – nicht minder wichtig für ihn – zu einem die Worte Jesu am Kreuz (Lk 23, 46) aufnehmenden Gebet: »In Deine Hände lege ich meine Marken, meine Liebe, meinen Geist«. Damit konnte der innere Übergangsprozess voranschreiten.

Letzte Reifung auf dem Sterbebett? Nachreifung? Haben wir überhaupt ein Gehör für solche Worte? Braucht es das? Können Sterbende nicht sterben, wie sie sind? Von außen dürfen solche Fragen niemals an Sterbende herangetragen werden. Reifung darf nicht angestoßen werden, wohl aber will sie gewürdigt und erkannt sein, dort, wo sie sich ereignet. Reifung am Sterbebett ist sowohl *Nachreifung* wie letztes *Hineinreifen,* bisweilen in eine Sinnfindung hinein, die manchmal auch als nochmalige Befreiung aus uralten Fesseln, etwa aus Wunden von Gewalt und Trauma, erlebt wird. Nicht selten werden jetzt, wo Patienten sich krankheitsbedingt in großer Ohnmacht befinden, auch längst vergangene traumatische Ohnmachtserfahrungen reaktiviert. »Damals, als meine Mutter starb …« »Im Krieg, als ich überschüttet wurde von Geröll …« Wo Sprache ist, sind Traumata zumindest im Halb-Bewussten noch gegenwärtig und somit therapeutisch zugänglich. Schwieriger ist es dort, wo nicht mehr Sprache, sondern nur noch Symptom da ist: eine total verkrampfte Körperhaltung, Schreckreaktionen, diffuse Abwehr. Umso wichtiger ist dann das eigentlich psychotherapeutisch geschulte Auge:

Frau Mathis liegt halb gekrümmt im Bett und starrt in die Ecke. Ein Rosenkranz liegt unangetastet in ihrer Nähe. Das Telefon läutet, sie hört und doch nicht. Nichts ändert sich an ihrer Position, und dies schon seit zwei Tagen. Wird sie von den Pflegenden umgelagert, so dauert es keine Stunde, bis sie wieder unverändert in ihrer Position liegt, in Richtung Ecke starrend. Was nur verbirgt sich hinter dieser gekrümmten Position? Ich werde gerufen und bin hilflos. Auf nichts reagiert sie. Bis ich, so gut es stehend eben geht, eine ähnliche Position einnehme wie sie und schweigend in Richtung Ecke starre. »Was?« unterbricht sie die bleischwer gewordene Stille. »Was ist dort? Wer ist dort?« dopple ich nach. Sie vermag keine Antwort zu geben. »Trauma, Schreck«, kommt mir unausgesprochen entgegen. Nun versuche ich, aufgrund der Erfahrung mit anderen ehemals traumatisierten Patienten, mich an das wortlos Herumgeisternde heranzutasten: Es könne sein, sage ich, dass da ein böser Mensch,

Mann oder Frau, ein böses Tier oder Gespenst sein Unwesen treibe, dann wolle ich ihr helfen, dieses Ungeheuerliche zu bannen. Ihre Empfindungen seien in Anbetracht von sehr schwierigen Ereignissen normal. »Hhh, hhh, hhh«, sagt sie nun stoßweise mit jedem Ausatmen. Sie fühlt sich wohl etwas verstanden. Ich nehme den Rosenkranz, zeichne das Kreuz nach, zuerst in die Luft, dann ihr auf die Stirn und dann in die Ecke. Dazu sage ich die Worte: »Gott ist stärker als alles Böse, Gott schützt sie«. »Hhh, hhh, hhh.« Ob sie noch mehr Kreuzzeichen wünsche? »Hhh!« Ich zeichne es auf Stirn und Hand. Ob sie es noch an weiteren Körperstellen wünsche? Nun wird die erstarrte Frau weicher. Körperteil für Körperteil hält sie mir hin: den Arm, das Bein, den Rücken, das Gesäß. Ich rufe den Priester an und bitte um eine Krankensalbung, welche – schon mehrmals gespendet – diesmal erstmals überhaupt bei Frau Mathis ankommt. Wortlos blieb das Ungeheuerliche und war doch gebannt: Frau Mathis starb am nächsten Tag friedlich.

Für wieder andere Patienten bedeutet Nachreifung das Durchschreiten von Zonen der Tränen und Traurigkeit. ›Es‹ weint und weint in ihnen. Und dabei geschieht ein stummes Verschmerzen bis die Tränen versiegen, Trost und Müdigkeit, ausgesprochen oder unausgesprochen, zu greifen beginnen. Sterbende im Davor sind nicht nur körperlich, sondern auch in ihrer Seele bedürftig: Sie sehnen sich nach Ganzwerdung, Sinnfindung, nach einer Hoffnung über das Ich hinaus.

Für eine junge Mutter, die ihrem einzigen, leicht behinderten Kind überaus viel geschenkt hatte, war nicht allein die Frage wichtig: Was wird aus dem Kind?, sondern auch:

Was wird aus der Liebe, die ich gelebt und verschenkt habe? Wer sieht, wer sammelt sie? Was macht diese endgültig? Wer oder was transformiert sie hin zu einem neuen Ganzen? Ich spreche mit der jungen Sterbenden über Religion. In ihrer Generation wisse man kaum mehr etwas damit anzufangen, bestätigt sie traurig und hat Fragen über Fragen: Was meint Jesu Reich? Warum war Mose im Binsenkörbchen? Warum sind genau die Armen selig? Sie verstehe einfach nicht. Für sie wurde wichtig, sich Gott als das Ganze vorstellen zu dürfen, aus welchem auch ihre Liebe nicht herausfalle, aber auch ›Gericht‹ neu zu begreifen als Würdigung von innen. Müdigkeit und Somnolenz nahmen nun immer mehr überhand. (Vgl. auch Bsp. in Kap. 5.2)

5.6 Auch Sterbebegleitung bleibt bisweilen auf der Strecke

Immer wieder gibt es Sterbende, die wir nicht erreichen. Ihre symbolische Gestik verstehen wir nicht, ihre Spannung löst sich nicht auf.

Und es gibt immer wieder auch Sterbende, die jegliche Hilfe oder uns als Personen ablehnen. Pflegende dürfen sie kaum berühren, Besuch ertragen sie nicht, von einem Psychologen oder Seelsorger schon gar nicht. Selbst medizinische und medikamentöse Hilfe versagen manchmal. Was dann?

Anders gefragt: Was geschieht mit Sterbenden, bei denen wir den Eindruck haben, dass sie im Kampf sterben? Ihr Gesichtsausdruck ist verzerrt oder es ist, als drohten sie im Schrei zu ersticken? Haben wir dann versagt? Oder noch schlimmer: Ist diesen Menschen ein inneres Glück versagt? Und was geschieht mit Menschen, die plötzlich – und unglücklich – sterben?

Zum Glück bleibt der Tod definitive Grenze, über die hinweg wir nicht sehen, noch urteilen können. Wo ich als Begleiterin einem Sterbenden nicht weiterhelfen kann, ist damit nichts Abschließendes gesagt über das Wesen und Erleben dieser Menschen, sondern nur über meine Begrenzung. Was heißt beispielsweise Zeit? Wo beginnt Zeitlosigkeit? Wo hört das Endlose auf und geht in die Ewigkeit über? Was bedeutet Raum jenseits unseres Erlebens in der Körperlichkeit? Wann genau spürt sich der Sterbende im Körper und wann nicht? Welches Empfinden für Raum, für Substanz, Materie, Sein hat er dann? Welche Schmerzempfindung?

Mich hat ein Gespräch mit einem leidenschaftlichen Bergsteiger nachhaltig geprägt. Er stürzte ab und überlebte den Sturz. Im Vorfeld war er traurig und in Gedanken mit dem Tod eines Freundes beschäftigt, doch die Minuten seines Falles blieben ihm in eindrücklicher – fast schöner – Erinnerung. Eine Zeitlosigkeit und Gleichzeitigkeit in einem. Sein aktuelles Leiden war gar nicht wichtig, weil Vergangenheit, Gegenwart und Zukunft wie in eins fielen. Er sah sein Leiden und gleichzeitig darüber hinweg; sein Leiden war aufgehoben, in eine Sinnhaftigkeit hineinfließend.

Ein anderer Bergsteiger, der später Patient bei uns war, umschrieb seine einstige Koma-Erfahrung nach einem Sturz als reines Farb-Erlebnis: »Da waren nicht mehr einzelne Gegenstände wie Bergstock, Stein, mein Körper oder

der Bergsee, sondern Farben, und zwar so, als wären sie von ihren Formen getrennt: alles war reines Blau, und zugleich gab es das reine Gelb.« Das Blau assoziierte der Mann in nachhinein mit Himmel, das Gelb mit Sonne und Licht. Diese reinen Farben hätten ihn umgeben, ja durchflutet, schienen zu tanzen. Irgendwann sei dann plötzlich grün da gewesen. Und damit augenblicklich auch sein Gefühl für Körper und Körperlichkeit. Er sei dann ins Leben zurückgekehrt. Sein Erleben war – wie er selbst sagte – höchst spirituell …

Auch bei Sterbenden, die wir nicht erreichen oder die für unser Empfinden im Unfrieden sterben, wissen wir nicht, was wirklich in ihnen vorgeht. Für Hinterbliebene kann das ein Trost sein.

6. Schlussfolgerungen

6.1 Zusammenfassung

Sterben ist *mehr* als ein körperliches Verlöschen. Es geschieht *mehr*, als was unser Auge sieht. In diesem Buch wurde die These entfaltet, dass sich im Sterbeprozess die menschliche Wahrnehmung wandelt: Vom Erleben als ein Ich (erste Daseinsweise) zum Dasein außerhalb unserer Ich-Gebundenheit, außerhalb auch von Angst und Schmerz (zweite Daseinsweise). Diese beiden Erlebnisweisen wurden in ihrem kategorial verschiedenen Charakter herausgestellt, soweit aus der Begrenztheit unserer Perspektive überhaupt möglich.

Zwischen diesen beiden Daseinsweisen gibt es eine Bewusstseinschwelle, mythologisch gesprochen ein Flammenschwert, eine Feuertaufe, einen Durchgang durch das Wasser. Sterben ist in hohem Ausmaß von einer Schwellenerfahrung gekennzeichnet.

In Absetzung und in Erweiterung von E. Kübler-Ross, die mit ihren fünf Sterbephasen vornehmlich das Annehmen-

Können eines Schicksalsschlages umkreist, wurden hier drei Sterbestadien erläutert, die allesamt um diese Schwellenerfahrung kreisen: ein Davor (vor der Schwelle und mit Blick auf die Schwelle), ein Hindurch (über diese Schwelle) und ein Danach (nach dieser Schwelle, aber noch im Diesseits). Diese drei Stadien wurden im Detail entfaltet, einschließlich der jeweiligen Befindlichkeiten und Emotionen Betroffener. Jeweilige Tücken, Schönheiten und Erfahrungen von Würde wurden ebenso dargelegt wie das, was Patienten konkret darüber äußern.

Dass die Schwelle zum Tod natürlicherweise einer inneren Hürde gleichkommt – von den einen bewusster und stärker, von den andern unbewusster und unmerklicher erlebt – wurde deutlich. Konkret sind die Erfahrung eines schwingungsmäßigen numinosen Gegenübers, einer völligen Verlorenheit sowie insgesamt Mischphänomene in der menschlichen Wahrnehmung Grund für die massive menschliche Schwellenangst, auch Urangst genannt. Auch die Frage, in welcher ›Sprache‹ diese Menschen leben und erreichbar sind, wurde angeschnitten. So etwa wurde deutlich, wie akustisch sensibel Sterbende sind und in welchen Symbolabfolgen sich manches abspielt.

Schließlich wurden noch Faktoren dieser Wandlung aufgeführt: die Angst, der Kampf, die Frage nach der Einwilligung, die Bedeutung familiärer Prozesse im Zugehen auf den Tod und schließlich die Frage von Reifung, Nachreifung (u. U. Traumaverarbeitung) und Sinnfindung.

Bislang nicht thematisiert wurden Abschiedsschwierigkeiten, weil sie erst nachvollziehbar sind, wenn das Prinzip Wandlung *als Ganzes* begriffen ist. Das soll jetzt nachgeholt werden:

6.2 In seinem Ich ist der sterbende Mensch sich selbst reflexartig im Weg

Nicht nur Durchgang, sondern auch *Abschied* fällt schwer. Gemeint ist nicht nur der offensichtliche Abschied von den nahen Angehörigen, von zu Hause, vom Hund, von liebgewonnenen Pflegenden und Menschen überhaupt, sondern fundamentaler und existenzieller: der Abschied von ›dieser Welt mit ihren Gelüsten‹. Der Mensch, zumindest in der Prägung der abrahamitischen Religionen und insbesondere des westlichen Kulturkreises, schafft es nur schwerlich, sich vom Ich und dessen Freuden, Trieben, Errungenschaften zu trennen. Das Wesen Mensch hat sich offenbar so radikal in der Welt des Ichs – mythologisch gesprochen diesseits des Garten Edens – angesiedelt, dass es etwas Anderes gar nicht mehr weiß und kennt. Genau dies macht die Schwelle des Hinübergehens so schwierig. Es erklärt, weshalb viele Sterbende – zurückschreckend – nochmals ganz da sind, unter uns, im Ich, doch darin nicht glücklich, sondern harrend. Sie verstehen nicht, was mit ihnen geschieht und können doch nicht sterben. Dem natürlichen ›Sterben-*wollen*‹ stellt sich etwas entgegen. Ihre Prägung (vgl. Kap. 3.5), ihre Begehrens- und Machtstruktur (vgl. Renz 2008) kommt ihnen in die Quere. Reflexartig ›*trotzt*‹ oder ›*begehrt*‹ etwas im Menschen und will ›*haben*‹, auch wo er eigentlich nicht mehr will …

Dies vor Augen, muss zur Vorsicht im Umgang mit der Frage nach den Bedürfnissen Sterbender aufgerufen werden. Was ist echtes Bedürfnis und was demgegenüber nur noch ausgelöster Reflex? Wenn ich jemanden kitzle, so lacht er, auch wenn ihm nicht zum Lachen zumute ist. Ähnlich geschehen bei einem Mann Mitte dreißig: Eigentlich hatte er den Durchgang schon zweimal durchschritten, sprach von Röhre und Lichtgestalten und fragte täglich, warum er nicht sterben könne. Dann kam es zum neckischen Spiel mit Decken zwischen ihm und zwei Pflegenden. Schon vorher und danach erst recht war er sexuell stimuliert. Am Abend stellte er fest, er habe einen Kopf wie »bei einem Kater« (d.h. nach zu viel Alkohol). Er war schlecht gelaunt und traurig. Die Welt des Ichs »hatte ihn wieder« und dies für Tage – aber nicht fit, sondern in der alten körperlichen Erbärmlichkeit mitsamt seinen Schmerzen. Wünschenswerte Lebensverlängerung?

Eine junge Sterbende nannte im Rahmen eines Medieninterviews, gefragt nach ihrem letzten Wunsch, eine Autofahrt mit einem Sportwagen. Der Wunsch wurde ihr gewährt. »Super« sei es gewesen, äußerte sie danach mindestens fünf Mal in tonloser Stimme. Derweil übergab sich ihr Körper während Tagen. War es zu viel gewesen? Diese Frage wurde von den Pflegenden diskutiert, während die Patientin sich diese Frage zunächst nicht erlaubte. War die Frage falsch gestellt? – Eines Morgens, nach einer Entspannung, fragte ich: »War die Autofahrt zwar toll, aber doch das Falsche? Haben Sie Intensität gesucht, aber nicht von hier, sondern eigentlich von drüben?« Fast schrie sie auf: »Genau, das ist es.« Gefolgt von Verdauungsgeräuschen. In der Folge ging es darum, dass sie sich von ihren ichhaften Reflexen im Wissen um eine Sehnsucht anderer Art verabschiedete. – Stunde um Stunde, fast Minute um Minute wurde ihr Körper ruhiger, sie schlief ein, durchlebte dann in Form einer körperlichen Unruhe zwar nochmals ein Hindurch, doch hin zu letzten Stunden des Friedens und der Somnolenz. Sie starb viel früher als medizinisch erwartet.

Sterbebegleitung heißt, jemanden konsequent – den inneren Vorgaben folgend – sterben zu *lassen*. Im Wissen um die Gesetzmäßigkeiten von Übergang und sich wandelnder Wahrnehmung dürfen wir Sterbende nicht stimulieren (etwa einstige Reize zurückholen), wir dürfen sie nicht durch ichbezogene Angebote vom schönen Leben zum Verweilen einladen – denn eigentlich möchten sie gehen. Wir dürfen ihre innere Widersprüchlichkeit nicht mit gut gemeinten Interventionen, mit forcierter Wellness oder mit einem Zuviel an Interdisziplinarität fördern, sonst geschieht unweigerlich Lebensverlängerung. Wir sollten ihnen im Gegenteil eher die Konsequenzen des Verweilens im Ichhaften aufzeigen. Was diese ehrliche Konfrontation bewirkt, lässt sich aus folgender Beobachtung auf unserer Palliativstation ableiten: Manchmal müssen wir Sterbenden, die bei uns, in unserem behüteten Rahmen, gleichsam »nochmals aufleben«, irgendwann eröffnen, dass wir unter dem Druck der Krankenkassen genötigt seien, sie in einem Pflegeheim oder in einer ähnlichen Institution anzumelden. Dann geschieht in ihrer medizinischen Verlaufskurve ein Knick: Zuerst enttäuscht und völlig deprimiert, sind sie dann plötzlich wieder im Kontakt mit ihrem ursprünglichen Bedürfnis, sterben zu wollen – und sie lassen los. ›Es in ihnen‹ lässt los. Die meisten können in der Folge noch vor der Überstellung in die andere Institution sterben.

Fazit: Sterbebegleitung heißt Unterstützung im Prozess. Es geht zwar auch hier um ein Patienten-›Bedürfnis‹, aber diesmal um ihr *Sterben-Können*.

6.3 *Indikationsorientierte* Sterbebegleitung und Palliativmedizin

Palliativmedizin und -pflege sind zu wichtigen Säulen moderner Medizin und Pflegewissenschaft geworden. Sie zeichnen sich u.a. dadurch aus, dass sie vermehrt auf die Bedürfnisse ihrer Patienten eingehen und ›bedürfnisorientiert‹ behandeln und pflegen. Auch eine adäquate menschliche Kommunikation und der Einbezug aller Dimensionen des Menschen (Körper/Seele/Geist) gehören zu ihren Schwerpunkten. Trotzdem sollte man mit Blick auf das, was sich im Sterbeprozess innerlich ereignet (Wandlung der Wahrnehmungsweise), die Orientierung an den formulierten Patientenbedürfnissen nochmals überdenken. Nicht nur die verbalen, sondern auch die nonverbalen Signale der Sterbenden verdienen unsere Beachtung. Und selbst dann bleibt manches unverstanden. Als Umstehende (Angehörige, Ärzte, Pflegende, Therapeuten, Seelsorger) können wir oftmals spontan gar nicht *wissen*, wessen ein Sterbender bedarf: Wie ist ein Hilfeschrei oder ein seltsames Körperphänomen zu interpretieren? Ist Sedation im Einzelfall das richtige oder gerade nicht? Wie viele verschiedene Angebote und Maßnahmen sind nebeneinander wichtig, wie viele sind für den Patienten verträglich? Wie viele Menschen, wie viel Ruhe, wie viel Lebendigkeit bzw. Betriebsamkeit? Palliativmedizin und -pflege bemühen sich enorm, all dies konkret von Fall zu Fall abzuwägen. Dabei bleibt man ›tappend‹ – im Offenhalten der Fragen – einer mutmaßlichen inneren Wirklichkeit des Patienten oft näher als mit vorschnellen Antworten.

Darüber hinaus braucht es ein Grundwissen über den

Sterbevorgang, das in der praktischen Arbeit zu einer Art Kompass wird, um sich im Dunkel eines *inneren* Sterbegeschehens zu orientieren. Handeln geschieht erst in einem zweiten Schritt, Verstehen geht voraus. Das meint *indikationsorientierte* Sterbebegleitung, wie sie der Palliativmediziner F. Strasser immer wieder einfordert.

Das hier erläuterte Konzept der sich wandelnden Wahrnehmung ist, was das Seelisch-Geistige des Prozesses betrifft, ein solcher Kompass. Es kann Fachleute wie Laien zu adäquaterer und kompetenterer Sterbebegleitung befähigen. Es trägt dazu bei, dass komplexe Situationen und diffuse Schmerzen bezüglich ihrer seelischen Komponenten systematisch hinterfragt und eine seltsame Körperhaltung, Gestik, in Worte gekleidete Symbole, wenigstens annäherungsweise verstanden werden.

Wenn ich als Therapeutin an einem Sterbebett stehe und zwar weiß, dass etwas stockt, aber nicht was, stelle ich mir folgende Fragen:

- Was will wohl in diesem Leben noch *erledigt* werden, äußerlich, innerlich?
- Was will noch *losgelassen* werden? Menschen, die Familie, der Hund? Aber auch die Daseinsweise im Ich mit ihren Verlockungen?
- Was will *durchgestanden* werden an Angst, Verlassenheit, Läuterung? Kommt mir eine Durchgangsnot, eine namenlose Urangst entgegen?
- Was will noch *eingebracht* werden, etwa das darbende innere Kind? Oder braucht eine traumatisierte Seele, eine große Mutterleistung oder eine sonstwie wichtige Tat eines Lebens noch Würdigung?

- Was will noch *gefunden* werden, etwa an Urvertrauen, an Angeschlossen-Sein, an ›religio‹ (Rückbindung)?

Diese Fragen innerlich präsent, versuche ich abzutasten, rückzufragen und zu beobachten: *Was* genau kommt mir entgegen? Und ich bringe Beobachtungen und Schlussfolgerungen in das Gespräch mit Ärzten und Pflegenden ein. Bisweilen sind schriftliche Rückmeldungen wichtig.

Gelingende Sterbebegleitung braucht solches *indikationsorientiertes* Vorgehen. Die wegweisende Frage lautet nicht: Was *will* der Patient, sondern was *braucht* er? Stehen von Patienten selbst formulierte oder ihnen zugedachte Bedürfnisse unter Umständen im Widerspruch zu dem, was innerlich ansteht und was mir nonverbal an Signalen entgegenkommt? Neben der Hellhörigkeit für *sämtliche* Botschaften – verbale wie nonverbale – braucht es auch das Sensorium für *Energien und deren Ausrichtung* (vorwärts, rückwärts, in sich blockiert, wütend oder fließend). Die Achtsamkeit für das Periphere muss durch das nachvollziehende Verstehen von Wandlungsprozessen und deren Drängen in Richtung eines Zieles ergänzt werden: nämlich loslassen und sterben zu können.

6.4 Angst vor dem Sterben – Was müssen Menschen hören?

Sterben wirft Schatten der Angst weit über sich hinaus und vor sich her. Der Anblick mancher Sterbender erschreckt. Angehörige sind bisweilen von Grauen gepackt. Vor allem dort, wo sie zuschauend nur die Außenseite des Sterbens mitbekommen: den kläglichen Anblick, die halb geschlossenen Augen, den dürren Körper, den röchelnden Atmen und nicht zuletzt die Endlosigkeit des Ausharrens. Viele können nicht anders, als hin- und dann wieder wegschauen. Hinterbliebene werden solche Bilder oft kaum mehr los, bisweilen bis hin zum Trauma. »*So* sterben möchte ich nie!« lautet die oft geäußerte Motivation von Menschen, die später eine aktive Sterbehilfe für sich selbst erwägen oder diese generell begrüßen. Überzeugte Vertreter einer Liberalisierung der Tötung auf Verlangen haben nicht selten die Narben von unverdauten Traumata an sich (vgl. auch Zimmermann-Acklin 2009, S. 27) Das schwer zu bewältigende Sterben des Bruders, des Vaters, der Mutter oder gar des eigenen Kindes vor Augen, finden die einen zur Hospiz- und Freiwilligenarbeit, während sich andere für die Tötung auf Verlangen einsetzen.

Bisweilen kommt es mir vor, als sei in den Seelen mancher Menschen beim Zuschauen etwas erstarrt. Doch zuschauend können wir nicht hindurch-schauen, was in Sterbenden *wirklich* vorgeht. Und noch weniger können wir wissen, was nicht zum gesellschaftlich akzeptierten Informationsstand gehört.

Was müssen Menschen hören, die sich mit dem Thema

Tod befassen? Was vermag sie in ihrer Angst zu beruhigen? Was ermutigt dazu, einen Sterbenden auf seinem Weg zu begleiten? Vielleicht die Erfahrung:

> Das Leiden Sterbender sieht häufig schlimmer aus, als es sich von innen her anfühlt. Im Sterben geschieht *mehr*, als was wir sehen.

So lautet die wichtigste Konsequenz des vorliegenden Modells. Sie wird allerdings erst nachvollziehbar über das Wissen, dass sich die menschliche Wahrnehmung in Todesnähe wandelt, dass Sterbende immer wieder innerlich woanders sind: in einem neutralen, ja schönen, jedenfalls anderen Zustand, fern vom Ich und außerhalb von Schmerzen und Ohnmacht. Sterben ist zwar leidvoll, aber auch eindrucksvoll und überdies erhellend für den Sinn eines ganzen Lebens. Im Sterben und im Zusammensein mit Sterbenden rührt der Mensch an einen Bereich des äußersten Geheimnisses, wird berührt, staunt. Sterbende lehren uns viel über das Leben, insbesondere über Gesetzmäßigkeiten an den Rändern des Daseins. Sterben ist, wenngleich unscheinbar, so doch intensiv, Extremerfahrung par excellence.

Es ist schlicht falsch, hier, wie wir es normalerweise tun, vom Ich her zu denken und sich auszumalen: »Wenn ich (gemeint: ein Ich mit abrufbereiten Ich-Funktionen und Empfindungen) so daliegen würde. …« Es ist falsch, wenn man, etwa als Besucher am Sterbebett, das geschaute Leiden auf den Sterbenden überträgt, ihm zudenkt, er habe starke Schmerzen, er sei voll gegenwärtig in seinem Schrei, er ›erleide‹ seine Atemnot. Zwar leiden Sterbende zwischendurch wirklich, das soll nicht in Abrede gestellt werden.

Aber wo Sterbende abtauchen in bewusstseinsferne Zustände, verliert sich auch ihr Empfinden für Leiden. Ihr Leiden ist gerade nicht anhaltend und auch nicht zufällig, sondern eingebunden in einen voranschreitenden Prozess des Loslassens und der Wandlung. Ob dabei *bewusst* (loslassend bzw. ja-sagend) in den eigenen Untergang eingewilligt wird oder ob dies schwingungsmäßig und unbewusst (sich müde ergebend) geschieht, ist sekundär. Wichtig ist, dass Sterbende hineinfinden in jenen Zustand außerhalb von Schmerz und Angst. »Ohnmacht ist schön«, stammelte eine ›von sich und zu sich selbst befreite‹ Patientin. Was sie erlebte, war Inbegriff von Spiritualität: hohe geistige Erfahrung.

6.5 Für ein würdiges Sterben – Menschenwürde auch im Leiden

»Ich möchte nicht würdelos sterben.« »Ich möchte nicht, dass mein Gatte so unwürdig stirbt«. Gemeint: ohnmächtig, ausgeliefert, aller äußerlichen Kraft und Schönheit beraubt, gleich einem Wurm, der nicht einmal sein eigenes Ende bestimmen kann. Würdelos zu sterben, ist – nebst der Angst vor Schmerzen und Leiden – die zweite Schreckensvision im Blick auf das Sterben.

In Würde zu sterben, ist zu einem Schlagwort geworden, das die Frage nach der Menschenwürde gerade verschleiert. Es wird suggeriert, dass Würde abhängig von der Funktionstüchtigkeit und Entscheidungsfähigkeit im Ich sei. Was aber, wenn es dieses funktionstüchtige Ich auf den Tod hin gar nicht mehr gibt? Wenn gutes Sterben sich gerade darin erweist, dass das Ich losgelassen werden kann? Über die Frage nach der Würde im Sterben, nach der Würde auch von Sterbenden, wurde bereits nachgedacht (vgl. Kap. 2.2–2.4). Die Kernfrage lautet: Gibt es eine Würde auch *inmitten* von Leid? Oder sind Leidende zusätzlich zu ihrer Not auch noch ihrer Würde beraubt? Aus den derzeitigen Diskussionen rund um Würde und Unwürde Sterbender leiten manche von ihnen ab, ihrerseits würde- und wertlos zu sein.

Unterscheidung tut not – auch begrifflich: Zwischen einer Würde, die nur dem autonomen und seiner selbst mächtigen Ich zugestanden wird, und einer Würde anderer Art, die mit dem *Wesen* des Menschen zu tun hat und im durchlebten und durchlittenen Sterben eines Menschen hervortritt. Die Rede vom würdigen Sterben meint meist: *selbstbestimmtes* Sterben. Sie kommt als Recht und Anspruch daher, frei über sich bestimmen zu dürfen. Doch *Würde* und *Selbstbestimmung im Ich* sind *zweierlei*, Menschenrecht und Anspruchshaltung desgleichen.

Der Begriff der Menschen*rechte* kam als wichtige Errungenschaft der Aufklärung in der zweiten Hälfte des vergangenen Jahrhunderts neu ins Bewusstsein der Völker und der Politik.[3] Trotzdem ist ein grundlegendes Menschenrecht nicht identisch mit einer spezifischen oder generellen Ansprüchlichkeit. So darf etwa ein Anspruch auf selbstbe-

3 Vgl. das Bekenntnis zur Menschenwürde im deutschen Grundgesetz oder Jimmy Carters Proklamierung der Menschenrechte.

stimmtes, leidfreies Sterben nicht gleichgesetzt werden mit dem Menschenrecht, als Gefangener nicht erniedrigt, nicht gedemütigt und zum reinen Objekt gemacht zu werden. Im zweiten Fall geht es um den Schutz der Person vor der Erniedrigung durch Menschen, Macht und Systeme. Mit Blick auf das Sterben würde das heißen, dass Sterbende vor einem Zuviel an Eingriffen, an medizinischer Apparatur und an Forschung zu schützen sind (vgl. Anliegen der Patientenverfügung). Im ersten Fall (Problem des selbstbestimmten Sterbens) geht es demgegenüber um eine natürlicherweise sich einstellende Randdimension von Leben und Vergänglichkeit. Sterben und Kreatürlichkeit sind geradezu Grundbedingung von Existenz.

Die Frage nach der Würde in Leiden und Sterben muss *anders* gestellt werden: Was hält inmitten von Leiden würdig? Meine auf die Patientensituation bezogene Antwort ist eine dreifache (vgl. Kap. 2.2):

1) Würdige Behandlung, welche Patienten an ihren inneren Wert erinnert und daran anschließt.
2) Die menschliche Fähigkeit, sich auch inmitten von Leiden und Schicksal nicht schlechthin determiniert zu sehen, sondern selbst darin sich nochmals ver-antwort-lich (antwortend) zu verhalten. Würde ist dann etwa die innere Kraft im Aushalten. Der Mensch erfährt sich noch im Leiden als *Subjekt*.
3) Die Würde als das schlicht Unantastbare im Menschen.

Beispiele:

Zu 1) Frau Spinnler lächelt mich an, wird aber gleich wieder unterbrochen von Schmerzen. Doch die Behandlung sei vorzüglich hier: Die feine Art mit ihr umzugehen gebe ihr ein Selbstwertgefühl.

Zu 2) »Ich war nie so sehr ich selbst wie jetzt«, sagte ein halb gelähmter Patient bei vollem Bewusstsein. Er versuchte, sein Leben abrundend, zu fassen, was wesentlich zu ihm gehörte. – Ein 30-Jähriger, auf den Tod zugehend: »Ich möchte, dass meine Tochter einmal weiß, wer ihr Vater war.« Er schrieb ihr seine einfachsten Erfahrungen tagebuchartig auf: was es für ihn bedeute, essen zu dürfen, im Rollstuhl in den Park hinausgeführt zu werden. Was in ihm vorgehe, wenn er sie – die kleine Tochter – sehe. Diese beiden Patienten hielten dem Leiden ihr Subjektsein entgegen.

Zu 3) Vor mir, in auffallend aufrechter Haltung, sitzt eine sich infolge Hirnmetastasen in Verwirrung verlierende Mutter. Ihr Mann erklärt mir, was sie alles nicht mehr begreife und wie er den Haushalt mit fünf Kindern organisieren müsse. Die Frau kann seinen Sätzen meist nicht mehr folgen. Dann wieder begreift sie etwas und bestätigt: »Ja, so ist es.« Als ich sie für die hier zum Ausdruck kommende Würde auch im Nicht-Verstehen lobe, ist sie ergriffen. »Ich glaube, es gibt etwas, das verliere ich nie«, kommentiert sie. – »Ich besuche meine demente Schwester lieber selten«, sagte eine junge Frau. »Wichtiger scheint mir, dass ich *innerlich* die Fragmente ihres Wesens zusammenhalte. Ich darf nicht aufhören, an eine Würde auch von ihr zu glauben. Ich habe den Eindruck, dass meine Schwester dies wahrnimmt.« – Zu Ende gedacht, ist Würde dasjenige, was geheimnishaft da bleibt und über uns steht, auch wenn Körper und Geist zerfallen.

Würde meint etwas anderes als die sich aus äußeren Dingen wie Rang, Ruf oder Leistung ableitende Ehre. Würde ist die Gegenqualität zur *Peinlichkeit.* Wirken aber nicht gerade demente Menschen peinlich? Umstehende sind verlegen, ihnen ist manchmal wirklich peinlich zumute, sie empfinden Tragik. Was genau meint Peinlichkeit? Das Gefühl des Peinlichen gibt es seltsamerweise in der Natur und im Tierreich nicht. Es ist, als könnten Tiere oder Pflanzen ihre Entelechie nicht gleichermaßen verfehlen wie der mit freiem Willen ausgestattete Mensch. Peinlichkeit entspringt dem sich selbst entfremdeten, gespaltenen, seine Entfremdung aber selbst nicht mehr wahrnehmenden Menschen. Peinlichkeit erfasst mich etwa, wenn eine Sterbende ohne äußere Notwendigkeit sich noch drei Tage vor ihrem Tod und bei vollem Bewusstsein um ihren Zustand zur Pediküre chauffieren lassen will. Oder wenn mir der sterbende Multimillionär noch im Sterben von seinen Reichtümern erzählt. »Merkt er denn nicht?« ist man geneigt zu fragen. Das reine Kreatur Sein ist dem gegenüber nicht peinlich. Kinder sind, solange sich selbst nicht narzisstisch entfremdet, nicht peinlich. Dasselbe gilt für alte und körperlich oder geistig kranke Menschen. Ihre Ausstrahlung hat weniger mit dem mehr oder minder intakten Verstand als vielmehr mit ihrem *emotionalen Ganzsein* zu tun. Würde wird dort empfunden, wo ein Mensch nicht hinter sich selbst und hinter dem, wozu die Situation (das Leiden, das Sterben) natürlicherweise herausfordert, zurückbleibt. Würde ist ein Beziehungsbegriff (Würdigung), erwächst aus einem in der Regel unsichtbaren Beziehungsgeschehen zwischen dem Menschen und einem Anderen – mag man es Gott nennen oder wie auch immer. Würde ist Auszeichnung des Kulturwesens Mensch.

6.6 Aktive Sterbehilfe versus gelebter Sterbeprozess

Nicht nur in der Schweiz – immer mehr auch anderswo – wird derzeit viel über aktive Sterbehilfe und ›selbstbestimmtes‹ Sterben diskutiert. Wer einer Sterbehilfeorganisation beitritt, will sich gegen ein vermeintlich würdeloses Ende in Ohnmacht, körperlicher Entstellung und Schmerzen absichern. Angehörigen soll die Zumutung hilflosen Zuschauen-Müssens und überfordernder Pflege erspart bleiben. Und für die Tat selbst sollen respektvolle Anonymität und würdige Stimmung sichergestellt werden. Was soll an all dem schlecht sein? Ohne auf die ganze Bandbreite von Argumenten und Gegenargumenten einzugehen, beschränke ich mich vorab auf Antworten, die sich aufgrund meiner Arbeit mit Sterbenden und der in diesem Buch formulierten Beobachtungen nahelegen.

Argumente der Befürworter aktiver Sterbehilfe kreisen vor allem um zwei Schwerpunkte:

a) Um unerträgliches Leiden Schwerkranker und Sterbender (das erspart oder abgekürzt werden soll) und um die Angst davor.
b) Um den Anspruch, selbst zu bestimmen, *wann* und *wie* man sterben will, statt Ungewissheit und Ohnmacht im Erdulden.

Was spricht für einen aufgeklären Menschen gegen diese Anliegen? Wo liegt das Problem?

a) Zur Unzumutbarkeit von Leiden

Niemand *will* das Leiden. Um ein Totschweigen von Leiden geht es *nicht*. Vielmehr braucht es eine *Ent-Tabuisierung von Leiden*, nicht weil Leiden heroisch wäre, sondern weil es Realität ist. Im Vordergrund sind die vielen Leidenden mit ihrem Anrecht auf eine zuträgliche Atmosphäre und Kultur der Verantwortlichkeit. Darum frage ich:

Was anderes als Suizidbeihilfe kann den Sterbenden und ihren Angehörigen als Antwort und Hilfe angeboten werden?

1) *Palliativmedizin, Palliativpflege und interdisziplinäre Betreuung*. Die Palliativmedizin hat heute große Möglichkeiten der Schmerzlinderung, weit größere als noch vor 20 Jahren. Dazu gehört in vielen Situationen auch, dass auf lebenserhaltende Maßnahmen bewusst verzichtet wird (= *passive Sterbehilfe*). Ferner die Möglichkeit einer Patientenverfügung und allenfalls sogar der Einbezug von Schmerzmitteln, welche lebensverkürzende Nebenwirkungen haben (= *indirekte aktive Sterbehilfe)*. Die Grenzen sind fließend. In der palliativen Betreuung Sterbender wird versucht, möglichst *im Gesamtinteresse* der Person bzw. des Individuums zu handeln, in Berücksichtigung der früher formulierten Wünsche wie auch gegenwärtiger nonverbaler Signale, der medizinischen Situation wie auch der Meinung der Angehörigen. Wenn beispielsweise ein Mensch in seiner Patientenverfügung noch festhielt, er wünsche Reanimation, während die ganze heutige Situation (sein Befinden, seine nonverbalen Signale, die medizinische Einschätzung) dagegen

spricht, so wird zusammen mit den Angehörigen darum gerungen, ob man diesen Menschen nicht doch besser sterben lassen solle. (Vgl. »Wenn ich nicht mehr entscheiden kann«, eine Fernsehsendung von SF1, 2009.) Palliativmedizin beinhaltet aber mehr als nur das. Wie kaum eine andere Sparte der Medizin bemüht sie sich um sog. Interdisziplinarität (= Zusammenarbeit insbesondere von Pflegenden und Ärzten unter Einbezug von Therapeuten, Seelsorgern, Freiwilligen u.a.), um eine menschliche und gut kommunizierte Behandlung zu garantieren. Palliativmedizin und -pflege hat das körperliche, seelische und geistige Wohl der Patienten und den Einbezug der Familie im Auge. – Trotzdem bleibt sie immer wieder hinter ihrem Ziel der Schmerzlinderung zurück, was von der Öffentlichkeit mit Angst aufgenommen wird. »Was geschieht mit mir, wenn meine Schmerzen einmal nicht mehr in den Griff zu bekommen sind?« fragen zunehmend mehr Menschen. Die gewohnte Betreuung und ein Nicht-Allein-Gelassen-Sein genügen da nicht.

2) Hier bedarf es einer zweiten, spezifischen Antwort, wie sie aus der hier vorgestellten These und den entsprechenden Erfahrungen resultiert:

a) *Die Information über die Wandlung der Wahrnehmung im Sterben,* (die – entsprechend übermittelt – Sterbende selbst in Komanähe und tiefer Regression noch erreichen kann).

b) Die Tatsache, dass Schmerzen und Angst als solche nur in der ich-bezogenen Wahrnehmung empfunden werden. Hundertfach habe ich schon erlebt, dass diese Information verstanden wird und den Menschen ihre Ängste nimmt. Und ebenfalls hundertfach haben mir Menschen, denen ich vorher von dieser Veränderung im Befinden erzählte, sterbend bestätigt, dass ihnen jetzt genauso zumute sei. Die einen verbal, die andern in Bildern, die meisten mit Nicken auf meine Frage. Angehörigen kann man das nicht deutlich genug sagen. Sie erleben es als Geschenk, etwa das bejahende Nicken oder den friedlichen Gesichtsausdruck des Sterbenden miterleben zu dürfen.

3) *Sterben hat eine Richtung, ein Ziel*, es ist in sich kein sinnloser, auch kein endloser Zustand, sondern ein Prozess. Als solchen kann man ihn zulassen oder ihm auszuweichen versuchen. Man kann ihn fördern oder behindern, von innen wie von außen. Dies zu wissen, gehört gleichermaßen zur Kompetenz von SterbebegleiterInnen wie das Wissen um ein Davor, Hindurch und Danach (vgl. Kap. 2.2–2.4). Aber auch die Leidenden selbst und ihre Angehörigen tragen zum Fließen dieses Prozesses bei: Leidende, indem sie Hilfe annehmen und in ein Loslassen einwilligen, womit dann auch Medikamente besser greifen; Angehörige, indem sie den Dahinscheidenden ›entlassen‹.

Fazit: Der in der Öffentlichkeit um sich greifenden *Angst* kann, ja muss entgegengewirkt werden mit Hinweis auf die breiten Möglichkeiten der Medizin und einer vielseitigen, empathischen und fachkundigen Betreuung einerseits und mit der Erklärung der sich wandelnden Wahrnehmung andererseits. Schwieriger wird es dort, wo zwar mit Angst argumentiert wird, es aber gar nicht um Angst geht. Dies erlebe ich schon an Betten einzelner Patienten und Patientinnen, die u. U. gar nichts hören *wollen* – und auch nicht mehr wirklich hören können – wider ihre Angst.

Herr Seifert, schwerkrank, weiß, dass er in den kommenden Monaten sterben wird. Nun sei die Zeit gekommen, »Schluss zu machen«. Er habe Angst vor der elenden Zeit vor dem Tod. Sein Tonfall klingt aggressiv und bestimmt. Darauf angesprochen, bestätigt er, ja, er sei entschieden. Meine erste Reaktion der Betroffenheit kommt gar nicht an. Dann erzähle ich, dass es vielen Menschen helfen würde, mehr darüber zu erfahren, was genau vor dem Tod erlebt werde. Ob er das auch wolle? »Nein!« Nochmals setze ich an und frage, ob er auch schon von Nahtoderfahrungen gehört habe? »Ja, schon, aber darum geht es nicht.«

Worum geht es? Um Wut und um Machtdemonstration im Ich gegenüber dem Schicksal und Gott, um menschliche Eigenmächtigkeit also. Bei Menschen wie Herrn Seifert hat ein Gespräch gar keinen Sinn, ich – von meiner Seite her – kann nur kapitulieren. Manchmal weicht sich dann eine solche innere Verhärtung auf. Manchmal hilft es, wenn ich die Wut als solche anspreche und erlaubend in den Raum stelle. Bei ehemals traumatisierten Menschen hilft bisweilen, wenn ich das für sie Unerträgliche namens Ohnmacht verstehe und ausspreche; und wenn dann u. U. ein Trauerprozess oder eine Traumatherapie möglich wird. Doch oft hilft nichts von all dem: Diese Menschen »haben Recht«, »wissen, was sie wollen und nicht wollen« und verbreiten eine entsprechend »terrorisierende« (dirigierende) Atmosphäre. Für mich als Sterbebegleiterin heißt dies, dass ich genau hinhören muss: Mit welchem Anliegen, in welcher Not und welcher Stimmung tritt eine formulierte Angst vor Ohnmacht, Entstellung und Leiden an mich heran? Welcher Tonfall kommt mir entgegen? Wie ist eine Frage genau gemeint? Geht es hier effektiv um Angst oder aber um (Selbst)-Bestimmung und damit um Macht? Im größeren Kontext betrachtet, frage ich weiter: Worin liegt die Problematik bei der Argumentation des sog. selbstbestimmten Sterbens?

b) Ein Recht auf Selbstbestimmung

Sterben möchten sie, klagen viele schwerkranke Patienten. Diesen Wunsch verargt ihnen niemand. Sterben *zu wollen*, ist urmenschliche Reaktion. Dass passive und indirekt aktive Sterbehilfe in vielen Patientensituationen erlaubterweise und mit der nötigen Selbstverständlichkeit einfließen, ist m. E. das Positive, das wir der aktuellen Diskussion rund um selbstbestimmtes Sterben und Sterbehilfe verdanken. Doch um solches Sterben-*Wollen* und *-Lassen* geht es im Argument der Selbstbestimmung nicht, sondern darum, einem Anspruch – und damit einer Grundhaltung egozentrierter Ansprüchlichkeit – zum Durchbruch zu verhelfen. Durch die Legalisierung der organisierten Suizidbeihilfe soll sichergestellt werden, dass Menschen selbst und in Freiheit bestimmen können, *wann* und *wie* sie sterben wollen. Was ist darauf zu entgegnen?

1) Religiös fundamentalistische Kreise kämpfen dagegen mit dem Verweis auf moralisches Gebot und Verbot. Der aufgeklärte Mensch hingegen kann ein solches »Denkverbot« nicht annehmen und verteidigt die Freiheit des Individuums gegenüber weltanschaulicher Bevormundung. Fortschrittlich religiöse Menschen halten auf ihre Weise an der menschlichen Freiheit fest, die sie letztlich begründet sehen im Glauben an einen Gott, der den den-

kenden, seiner Verantwortung bewussten Menschen und dessen Entwicklung bejaht.

2) Das Verlangen nach Regelung durch den Staat wird lauter und der Druck größer, etwa im Ruf nach einem Verbot der organisierten aktiven Sterbehilfe oder nach klaren Richtlinien. Weitgehende Übereinstimmung besteht in der Grundidee, dass ein liberaler Staat den Menschen nicht verbieten darf, ihren Tod zu suchen und damit auch Wege, ihr Leben zu verlassen, zumal wenn es unerträglich wird. Und auch der Freundesdienst der Beihilfe wird heute hierzulande meist in diesem Sinn interpretiert. O. Höffe formuliert: »Deshalb ist es eine Errungenschaft der Aufklärung, dass man im Strafrecht die Strafwürdigkeit des Freitodes abgeschafft hat. Sind aber beim Freitod andere Personen beteiligt, taucht das Stichwort ›Tötungsdelikt‹ auf und ruft den Staat auf den Plan. Denn der Schutz des fremden Lebens ist eines der wichtigsten Rechtsgüter. Daher ist die Frage berechtigt, ob Suizidbeihilfe, die unter die Kategorie der Tötungsdelikte fällt, zulässig ist und in welchem Fall sie missbräuchlich ist.« (Höffe 2009, Interview vom 11. 12. 2009)

Bei allen unterschiedlichen Meinungen darüber, ob es staatliche Regelung braucht und wenn ja welche, kommt das eigentliche Problem *so* nicht in den Blick. Staatliche Regelungen können die persönliche Gewissensbildung nicht ersetzen. Und der Begriff ›Selbstbestimmung‹ verdeckt, worum es letztlich geht. Die Frage ist, wie weit hier überhaupt von Selbstbestimmung gesprochen werden kann. Im Sterben kommt alle Selbstbestimmung natürlicherweise an ihr Ende. So wichtig das Ich und seine Autonomie zu Lebzeiten sind, im Sterben werden sie hinfällig. Der Begriff ›selbstbestimmtes Sterben‹ ist ein begrifflicher Widerspruch und besagt vor allem eines: dass hier gar nicht begriffen wird, was im Sterben geschieht. Das sich hinter dem Slogan verbergende Machtproblem muss deutlich sichtbar gemacht werden.

Bewusstwerdung als Grundlage aller ethischen Entscheidungsfindung: Welche Argumente müssten leitend sein?

Bewusstwerdung und damit auch die Offenlegung der Machtkomponente und deren breite Auswirkungen tun not, wo eine sachliche Gesprächskultur angestrebt wird. Erst wo das Bewusstsein von den Hintergründen solcher Machtkämpfe wächst und damit auch die Bereitschaft, in größeren Zusammenhängen verantwortlich zu denken, kann überhaupt von einem echten Gewissensentscheid gesprochen werden. Ethische Entscheidungsfindung sollte getragen sein von Erwägungen wie:

1) *Differenzierende Betrachtung rund um Selbstmord und hintergründige Motive:* Bedeutsam ist bereits die Unterscheidung zwischen der *Verzweiflungstat* einerseits und dem *Bilanztod,* welcher lohnendes gegen nicht mehr lohnendes Leben abwägt, anderseits. Die Verzweiflungstat kann ehrlicherweise niemand, auch für sich selbst nicht, wirklich ausschließen. Sie entspringt auch nicht dem freien Willen, sondern der Notlage. Keiner weiß, was ihm oder seinen Nächsten noch widerfahren wird, in welcher Gefühlslage er in einer schwierigen Situation

einmal sein wird. Verzweifelte brauchen menschliche Nähe und verstehende Begleitung. Nicht die Verzweiflungstat des Einzelnen, sondern eine kollektive Grundhaltung der Ansprüchlichkeit (der *Anspruch* auf den bilanzierenden Tod) und der Machtmissbrauch schaffen Probleme.

2) *Welches sind Auswirkungen auf Sterbende und Leidende selbst*? Generell ist zu fragen: Leistet man den Sterbenden wirklich einen Dienst, wenn man für Selbstbestimmung im Tod plädiert? Die Arbeit in der Psychoonkologie eines großen Spitals hat mich gelehrt, dass Sterben schwieriger wird und länger dauert, wo Menschen verbissen meinen, an ihrem »Anrecht« auf ein Leben, wie sie es wollen, festhalten zu können. In ihrer Anspruchshaltung und der ständigen Versuchung, ›nein‹ zu sagen, sind sie nicht glücklicher, sondern zerrissener. Spannungen sind größer, Schmerzen unerträglicher. Immer tritt der Impuls, abzuwürgen zwischen die Patienten und ihren seelischen Prozess. Das Loslassen und ein Prozess der sich wandelnden Wahrnehmung werden erschwert. Statt ihren Sterbeprozess zu erleben und immer wieder einzutauchen in ein Sein und in jene Dimension, wo Ohnmacht und Schmerz sich natürlicherweise erübrigen, kennen diese Menschen nur Anspruch, Anklage und Leid. Ihre Bitterkeit nährt immer neu die Energie alter Verletzungen. Sie reaktiviert und führt in Verhärtungen hinein. Die Phasen des Danachs mit ihrem unbeschreibbaren Frieden werden noch mehr an den Rand gedrängt. Nach meinen Beobachtungen sind sie innerhalb der letzten zehn Jahren seltener geworden. Demgegenüber häufen sich Verweigerungssymptome und Kampf sowie das

Festhalten an der Existenzweise des Habens und des Ego. Im Sterben erweist sich die Euphorie des selbstbewussten Ichs als geradezu lebensfeindlich. Sterben wird nicht nur erschwert, sondern das Wunderbare letzter Erfahrungen im Danach kann gar nicht stattfinden. Darum muss ich sagen: Aktive Sterbehilfe ist Selbstbetrug. Sterbende und auch ihre Angehörigen werden um wichtige ihr Leben abrundende Erfahrungen gebracht.

3) *Die Breitenwirkung und Reichweite dessen, worüber wir entscheiden.* Gefragt ist vermehrte Bewusstheit auch in der Frage: Wer innerhalb unseres sozialen Zusammenlebens ist auf welche Weise mit-betroffen? Hier verweise ich auf die für mich sichtbar und spürbar werdenden Auswirkungen der derzeitigen Debatten auf das Krankenhauspersonal: Dieses fühlt sich seinerseits durch die ansprüchliche Atmosphäre und durch konkrete Ansprüche von Patienten unmerklich »dirigiert« und ist nicht mehr frei zur sachlich guten Arbeit. Ärzte, Pflegende, Therapeuten, Seelsorger und Freiwillige sind verunsichert und genötigt zu übertriebener Absicherung oder Rechtfertigung. Die Ärzteschaft insbesondere ist gespalten in jene, die einfach ›helfen‹ wollen (Freitodbegleitung inklusive) und jene, die sich ein letztes Unsicherbleiben, auch einen letzten Respekt vor dem Leben nicht nehmen lassen und in der Folge ein tiefes Integritätsproblem in sich tragen. Das Klima in Krankenhäusern ist insgesamt schwieriger geworden.

4) *Aspekt der Urteilsfähigkeit:* Wann sind Menschen noch urteilsfähig, wann nicht mehr? Und, in den Worten des Palliativmediziners D. Büche gefragt: »Können Menschen überhaupt abschätzen, was sie entscheiden?« Wo

liegt die Grenze zwischen den vom Ich her definierten Bedürfnissen und den vielleicht ganz anderen letzten Bedürfnissen, die Sterbende nonverbal und doch unmissverständlich signalisieren? Dem Tode nahe, schwanken sie nicht selten hin und her: Will ich, will ich nicht? Bedürfnisse und Blickrichtungen wandeln sich. – Frau Annen will in Verzweiflung und Anspruchshaltung ihrem Leben ein Ende setzen. Ausreden kann und darf ich ihr das nicht, wohl aber ihre Not ein Stück weit teilen. Ich erzähle ihr aus meiner Erfahrung, dass es eine *Alternative* zu ihrem aktuellen erbärmlichen Zustand gebe. Darüber könne ich allerdings wenig erklären, sie könne nur erfahrenderweise darin eintauchen, etwa über eine tiefe Klangreise. Frau Annen will das versuchen. Schon während der Klangreise wird eine dichte Atmosphäre spürbar. Mit ausgebreiteten Armen, ruhigem Atem bleibt sie danach reglos liegen, über Stunden. Am Abend dankt sie mir mit Tränen: »Ich war wie abgehoben, weit weg und zugleich tief da. Meine körperlichen Grenzen waren wie weg, keine Schmerzen, keine Wut, keine Angst.« Je mehr sie begreift, umso mehr kommt die zuvor nicht sonderlich religiöse Frau ins Staunen: »Es war ER«, sagt sie später von sich aus. Und Suizid ist, solange sie in diesem Zustand ist, kein Thema. Im Gegenteil: »In diesem Großartigen geht das nicht, ich weiß nicht warum, aber das tut man dann einfach nicht.«

5) *Aspekt der Manipulation:* In der Grauzone zwischen Wollen und Nicht-Wollen kann es zu Manipulationen kommen. Ehemals Sterbewillige, die jetzt nicht mehr sterben möchten, aber darin von ihren Angehörigen, Freunden oder Sterbehelfern nicht mehr verstanden wer-

den, erleben sich von diesen dann ›subtil dazu gedrängt‹. Es trifft das schwächste Glied in der Kette: den Sterbenden.

Die gesellschaftliche Dimension des Problems

Die Heftigkeit der Diskussion um selbstbestimmtes Sterben verrät: Es steht viel auf dem Spiel. Doch was überhaupt ist letztlich bedroht?

Das Kulturgut Sterben
Dem Sterben als Ganzem muss seine Würde – die Achtung vor der Größe und der hohen Bedeutung dieses letzten Aktes im Drama des menschlichen Lebens – zurückgegeben werden. Die Sterbenden möchten in der Sprache ihrer letzten Zeugnisse neu verstanden werden, auch in ihrer inneren Schönheit, ihrer Ausstrahlung von Friede und Sein. Können wir wieder davon berührt werden, auch von der Extremerfahrung, die Sterben natürlicherweise bedeutet? Wir müssen Intensität und Spiritualität nicht über künstliche Extremerfahrungen suchen. Hier sind sie einfach so gegeben.

Die Frage nach den Wertvorstellungen, welche unsere Gesellschaft prägen
Den nur sich selbst (be)treffenden Entscheid gibt es in der Frage von Freitod und Freitodbegleitung ehrlicherweise nicht. Was, wenn der ›Tod auf Verlangen‹ gesellschaftlich bagatellisiert, alltäglich wird und eine kollektive Abstumpfung den individuellen Gewissensentscheid verdunkelt? Wenn ›in‹ ist, wer ›es‹ tut, dumm, wer heutzutage noch lei-

det? M. Zimmermann-Acklin warnt vor der »Banalisierung des Todes« und vor einer »schleichenden Aushöhlung zentraler menschlicher Werte im Umgang miteinander« (Zimmermann-Acklin 2009, S. 24).

Die Achtung vor dem Leiden und gegenüber den leidenden Menschen

Mit einem Nein zum natürlichen Sterben geht eine Entwertung und Tabuisierung von *Leiden* einher. Die *Achtung* gegenüber leidenden Menschen schwindet, kollektive Abstumpfung und Leidunempfindlichkeit nehmen überhand. In einer Gesellschaft von ›fun‹ und Ablenkung darf Leiden nicht mehr sein. Man darf nicht darüber reden, zieht sich zurück und schaut über das Elend – auch dasjenige der Welt – hinweg. Das selbstverständliche Wissen darum, dass Leiden Teil des Lebens ist, muss sich wieder im kollektiven Bewusstsein verankern. Ein Zeitalter der Globalisierung bleibt hohl und merkantilistisch, wenn die seelische Fähigkeit fehlt, sich mit menschlichem Leiden tiefer verbunden zu fühlen. Die Bagatellisierung des selbstbestimmten Sterbens hat Auswirkungen auf die Leidfähigkeit einer ganzen Gesellschaft.

Ein dialogischer Umgang mit Spannungen

Wo dem Aushalten irgendwelcher schwieriger Situationen und Leiderfahrungen kein Wert mehr zugedacht, wo Aushalten nicht mehr eingeübt wird, geht das auch zulasten der sozialen, kulturellen und geistigen Fähigkeiten im Umgang mit dem ›Unlösbaren‹ dieser Welt. Nicht immer findet Spannung zu einer Lösung. Mitunter trägt gerade das Aufrechterhalten von Spannung und das Ausdifferenzieren des Spannungsgeladenen zu reifen Lösungen und zu Prozessen in Richtung echter Versöhnung bei. T. Cerny, Onkologe und Chefarzt, hat es in einem Gespräch zum Thema Sterbehilfe so auf den Punkt gebracht: »Wir müssen das existenzielle Dilemma aushalten und dürfen nicht Ärzte zu Exekutoren machen.«

Fähigkeit zu Bezogenheit und Verantwortung

Wo der Mensch mehr und mehr nur noch von seinen Bedürfnissen im Ich aus denkt, verliert sich seine Berührbarkeit und Offenheit auf andere Menschen und Dimensionen hin. Und doch stirbt keiner für sich allein. Jedes Sterben ist letzte Aussage eines Menschen. Selbst das einsame Sterben eines von aller Welt vergessenen Greises hinter verschlossenen Türen und Jalousien, monatelang von niemandem entdeckt, wird zum Appell an die Gemeinschaft. Der Ratspräsident des Schweizerischen Evangelischen Kirchenbundes T. Wipf fordert eine Kultur der Verantwortlichkeit (World Economic Forum 2009). Bezogenheit ist im Letzten nicht ein Willensakt, der vom Ich aus angestrebt und gewollt wird, sondern das Zulassen einer tieferen Verbundenheit, eines inneren Fließens versus Sich-Herausnehmen, von Betreffbarkeit und Angewiesensein versus Narzissmus. Beziehungs*fähigkeit* aber führt konsequenterweise – von innen heraus – weg aus der Anonymität und Unverbindlichkeit etwa einer organisierten Suizidbeihilfe und hinein in die persönlich riskierte Beziehung.

Der Respekt vor dem Geheimnis und unserem letztlichen Nichtwissen

Religiös formuliert, geht im Zuge des sog. selbstbestimmten Sterbens die Ehrfurcht vor Gott verloren, ontologisch gesprochen, der Respekt vor dem Sein bzw. dem Seienden und dessen Unfassbarkeit. Der Sinn für das Geheimnis schwindet. Umgekehrt führen Respekt und Ehrfurcht hinein in eine neue – suchende, staunende, betende – Offenheit auf das Unfassbare hin. Die sokratische Erkenntnis »Ich weiß, dass ich nichts weiß« führt konsequenterweise – *von innen heraus* – weg von der Verherrlichung des Egos und der Vermessenheit eigenmächtiger Grenzüberschreitung und hinein in das Aushalten der existenziellen Unsicherheit. Sokrates, der Wahrheitssuche bis zum Schluss verpflichtet, trank den Giftbecher nicht aus freien Stücken, sondern weil er wegen angeblicher Gottlosigkeit zum Tode verurteilt worden war. Er lehnte die Flucht ab und auch die Möglichkeit, um Gnade zu bitten. Er nahm den Becher getrost und ohne Zittern und soll gesagt haben: »›Beten aber darf man doch zu den Göttern und muss es, dass die Wanderung von hier dorthin glücklich sein möge, worum denn auch ich hiermit bete, und so möge es geschehen.‹ Und wie er dies gesagt, setzte er an, und ganz frisch und unverdrossen trank er aus.« (vgl. Platon 1989, S. 65)

6.7 Die theologische Rede von der Eschatologie – Die Frage nach dem Geheimnis

Im Alten wie im Neuen Testament und auch in Vorstellungen anderer Völker spielt die Frage nach dem *Woraufhin von Leben und Schöpfung* eine wichtige Rolle. Findet der Mensch heim ins Paradies, in den Kreislauf der Natur, in den Himmel oder ins Nichts? Wird Israel die Wiederherstellung der alten Sozialordnung erleben (Mi 5)? Kommt ein Friedensherrscher (Jes 9; 11)? Werden die Toten auferstehen (Dan 12; 1 Kor 15)? Kommt am Ende Christus siegreich wieder (vgl. Parusie, 1 Thess 2,19; 3, 13; 4,15; 5,23; 1 Kor 15,23; 2 Petr 3,4 u.a.)? Wird er die Welt vollenden und richten?

Eschatologie – so wird die Lehre über die letzten Dinge im Kontext der Theologie genannt. Nicht wenige große Theologen fühl(t)en sich in hohem Alter hingezogen zur Eschatologie, woll(t)en sich ihrer nochmals speziell annehmen (vgl. Jüngel 2009, Rahner 2004a). Dennoch haben wir es auch in dieser Lehre von den letzten Dingen ›nur‹ mit Glaubensaussagen zu tun und nicht mit eigentlichem Wissen. Auch alles, was uns über die biblischen Aussagen hinaus an ›Material‹ von Völkern und Religionen vorliegt, hat mythischen, d.h. archetypischen und symbolischen, aber nicht historischen Charakter. Sterben endet im Geheimnis – nach wie vor.

Psychologisch betrachtet stehen im Themenkreis eines Darüber-Hinaus zwei Aspekte im Vordergrund.

a) Die Frage nach dem *Vorwärts oder Rückwärts.* Führt Sterben *zurück* an den Anfang, in den Kreislauf des

Seins, oder aber *vorwärts,* hinein in eine neue und neuartige Dimension von Sein? Implizit ist dies auch die Frage, ob ein Unterschied zwischen Urzustand und Endzustand von Schöpfung und Evolution gedacht wird oder nicht; ob Ganzheit oder Gott als »im Wandel« erahnt werden darf (vgl. Renz 2009, S. 281f.) oder nicht. Göttliche Vollkommenheit etwa wäre dann anders zu denken, nicht im Sinne eines unveränderbar Vollkommenen, sondern als die alles umfangende bzw. enthaltende Ganzheit und Vollständigkeit.

b) Die Frage nach *Beziehung* und *Bezogensein*. Wird das Sein, wird Gott als das Ganze letztlich auch in dessen Beziehungs- und Ordnungsaspekt wahrgenommen oder nicht? Führt Sterben in eine neue Art des Bezogenseins hinein oder bleibt letztlich einfach ein irgendwie anonymes Etwas oder Nichts – reiner Zufall?

Die Antworten auf diese Fragen wiegen schwer. Sie entscheiden darüber, ob der Mensch sich selbst und allem Leben und Lieben eine letztliche Sinnhaftigkeit zusprechen darf oder nicht. Ob die Mühen menschlicher Wege von Bewusstwerdung und Reifung letztlich belanglos sind oder nicht. Sinn oder Zufall bzw. Zerfall – das ist die Alternative. Ein Dazwischen gibt es nicht.

Wo, wie es in diesem Buch geschieht, von einem letztlichen Sinn im Ganzen – auch einer letztlichen Bezogenheit und Teilhabe – ausgegangen wird, da sind Entwicklungswege mit dem zu Ende gehenden Einzelschicksal nicht einfach erfüllt. Der Mensch ist auch im Tod eingebunden in ein größeres Werden. Er ist, in einem wunderbaren alttestamentlichen

Bild gesprochen, Teil eines alle Völker umfassenden Volkes, das zum Heiligen Berg pilgert (Mi 4,1–5). *Wann* und *wie* sich auf diesem großen Heilsweg Erfüllung ereignet, ob ein Grund-Leiden an der unfertigen Schöpfung und den Abgründen der Welt durch Jahrtausende menschheitsgeschichtlicher Entwicklungswege mitgetragen wird, bleibt offen. Träume heutiger Menschen weisen bisweilen in diese Richtung. D. Sölle formulierte es in einem persönlichen Gespräch christlich: »Christus wartet als Gekreuzigter bis ans Ende der Welt.«

Reaktionen Sterbender lassen uns aber auch erahnen, dass dasjenige, dem sie entgegengehen, auch *Erfüllung* beinhaltet. Ihre Schau letzter Dinge ist nicht länger begrenzt im Historischen (Zeitgebundenen) und Gegenwärtigen, sondern muss als *Gleichzeitigkeit* von Vergangenheit/Gegenwart/Zukunft, von Leiden und Erlösung begriffen werden. Ihren letzten Visionen und Reaktionen folgend, meine ich, bestimmte Ahnungen von »letzten Dingen« zu erkennen. Konkret verändern sich:

1. Der Aspekt von Zeit, Zeitlichkeit, von Gegenwart und Gegenwärtigkeit: Vieles deutet hier auf eine Daseinsweise der Gleichzeitigkeit und Zeitlosigkeit hin.
2. Der Aspekt von Raum, Räumlichkeit: Vieles verweist auf etwas Unbegrenztes, Ewiges.
3. Die Gefühle für Körper, Verkörperungen, Begrenzung und Identität im Eigenen: Vieles deutet hin auf ein unbegrenztes Bezogen-Sein und Sein schlechthin. Mein Bild hierfür ist die menschliche Teilhabe am Seienden, an Gott, an der Substanz ebenso wie an der Energie. Diese Substanz kann ebenso Fülle wie Leere sein.

4. Gefühl der Schwerkraft und körperlichen Schwere.
5. Intensität, Sinnlichkeit: Es scheint eine Steigerung von Intensität zu geben, sinnen-jenseitig und doch das eigentlich Sinnliche nicht ausschließend oder abwertend.
6. Gespaltenheiten, Ambivalenzen, Abspaltungen, auch Wertungen wie gut und böse fallen weg oder werden vom Ganzen wie nochmals unterfangen. Die Entwicklung verweist vom Partiellen zum Ganzen.
7. Bewusstheit: Vom Unbewussten und partiell (ans Ich gebundenen) Bewussten hinein in eine neue Art zu »sehen«, »teilzuhaben« – eine neue Art von Bewusstsein.
8. Energie: vom Drängenden zum Erfüllten.
9. Vom Suchen zum Finden, vom Weg zum Ziel (die hl. Stadt auf dem Berg als Inbegriff bzw. archetypisches Symbol einer Kultur, die ihre Mitte gefunden hat), vom Vereinzelten zur Gemeinschaft, vom Harren zum Fest. Frieden statt Kampf.

Am Ende der Tage wird es geschehen:

Der Berg mit dem Haus des Herrn steht fest gegründet als höchster der Berge; er überragt alle Hügel. Zu ihm strömen die Völker.

Viele Nationen machen sich auf den Weg. Sie sagen: Kommt, wir ziehen hinauf zum Berg des Herrn und zum Haus des Gottes Jakobs.

Er zeige uns seine Wege, auf seinen Pfaden wollen wir gehen. Denn von Zion kommt die Weisung, aus Jerusalem kommt das Wort des Herrn.

Er spricht Recht im Streit vieler Völker, er weist mächtige Nationen zurecht. Dann schmieden sie Pflugscharen aus ihren Schwertern und Winzermesser aus ihren Lanzen. …

Alle Völker gehen ihren Weg, jedes ruft den Namen seines Gottes an. Wir aber gehen unseren Weg im Namen Jahwes, unseres Gottes, für immer und ewig. Buch Micha 4,1–5

Literaturverzeichnis

Batlogg, A.R., Rulands, P., Schmolly, W. [et al.] (2003): Der Denkweg Karl Rahners. Quellen – Entwicklungen – Perspektiven. Mainz: M. Grünewald.

Bibel (1980): Einheitsübersetzung, Altes und Neues Testament. Stuttgart: Kath. Bibelanstalt.

Bibel (2000): Elberfelder Übersetzung, revidierte Fassung. Wuppertal: R. Brockhaus Verlag.

Chochinov, H.M., Hack, T., Hassard, T. [et al.] (2005): »Dignity therapy. A novel psychotherapeutic intervention for patients near the end of life.« Journal of Clinical Oncology 23, 5520–5525.

Drewermann, E. (1985): Tiefenpsychologie und Exegese. Band II. Olten: Walter.

Drewermann, E. (1987): Das Markusevangelium. Bilder von Erlösung. I. Teil: Mk 1,1 – 9,13. Olten: Walter.

Drewermann, E. (1988): Tiefenpsychologie und Exegese. Band I. Olten: Walter.

Ferrell B., Levy, M.H., Paice, J. (2008): »Managing pain from advanced cancer in the palliative care setting.« Clinical Journal of Oncology Nursing 12, 575–581.

Gaeta S., Price K.J. (2010): »End-of-life issues in critically ill cancer patients.« Critical care clinics 26, 219–227.

Greshake, G. (2008): Leben – stärker als der Tod. Von der christlichen Hoffnung. Freiburg i. Br.: Herder.

Grof, St., Grof, Ch. (1984): Jenseits des Todes. Stuttgart: Kösel.

Grof, St. (1991): Geburt, Tod und Transzendenz. Reinbek b. Hamburg: Rowohlt.

Grimm (1984): Kinder- und Hausmärchen gesammelt durch die Brüder Grimm. Bd. 1–3. Frankfurt a. M.: Insel.

Hasitschka, M. (1989): Befreiung von Sünde nach dem Johannesevangelium. Innsbruck: Tyrolia.

Herder Lexikon Symbole (1978): 7. Aufl. Freiburg i. Br.: Herder.

Herders Neues Bibellexikon (2009): Freiburg i. Br.: Herder.

Herzka, H.S., Reukauf, W., Wintsch H. (Hrsg.) (1999): Dialogik in Psychologie und Medizin. Basel: Schwabe.

Höffe, O. (2007): Lebenskunst und Moral. Oder: Macht Tugend glücklich? München: Beck.

Höffe, O. (2009): »Suizidhilfe fällt unter die Kategorie der Tötungs-Delikte.« Interview von Michael Meier. Tages-Anzeiger, 11.12. 2009, vgl.: http://www.tagesanzeiger.ch/schweiz/standard/Suizidhilfe-faellt-unter-die-Kategorie-der-Toetungsdelikte/story/29861101 (01.11.2010; 17:50).

Jüngel, E. (2009): Die Leidenschaft, Gott zu denken. Ein Gespräch über Denk- und Lebenserfahrungen. Zürich: Theologischer Verlag.

Kant, I. (1956): Kritik der reinen Vernunft. Hg. V.R. Schmidt. Hamburg: Meiner.

Kehl, M. (1986): Eschatologie. Würzburg: Echter.

Kessler, H. (1995): Sucht den Lebenden nicht bei den Toten. Würzburg: Echter.

Kessler, H. (2000): Gott und das Leid seiner Schöpfung. Nachdenkliches zur Theodizeefrage. Würzburg: Echter.

Knipping, C. (2008): Lehrbuch Palliative Care. 2. durchges. u. korr. Aufl. Bern: Huber.

Kübler-Ross, E. (1974): Interview mit Sterbenden. Stuttgart: Kreuz.

Kübler-Ross, E. (1992): Befreiung aus der Angst. Gütersloh: Gütersloher Verlagshaus.

Kunzler, M. (1998): Amen, wir glauben. Eine Laiendogmatik nach dem Leitfaden des Apostolischen Glaubensbekenntnisses. Paderborn: Bonifatius.

Liennemann, W. (2008): Grundinformation Theologische Ethik. Göttingen: Vandenhoeck & Ruprecht.

Mehta, A., Chan, L.S. (2008): »Understanding of the concept of ›total pain‹. A prerequisite for pain control.« Journal of Hospice and Pallaiative Nursing 10, 26–32.

Moody, R.A. (1988): Leben nach dem Tod. Reinbek b. Hamburg: Rowohlt.

Neumann, E. (1985): Amor und Psyche. Olten: Walter.

Nöcker-Ribaupierre, M. (1992): »Pränatale Wahrnehmung akustischer Phänomene. Eine Grundlage für die Entwicklung der menschlichen Bindungs- und Kommunikationsfähigkeit.« Musiktherapeutische Umschau 12, 239–248.

Nouwen, H.J.M. (1998): Die innere Stimme der Liebe. Freiburg i. Br.: Herder.

Otto, R. (1987): Das Heilige. Über das Irrationale in der Idee des Göttlichen und sein Verhältnis zum Rationalen (1917). Nachdruck, München: Beck.

Pantilat, S. Z. (2009): »Communicating with seriously ill patients. Better words to say.« Journal of the American Medical Association 301, 1279–1281.

Parnia, S. (2006): What happens when we die. A groundbreaking study into the nature of life and death. Carlsbad (CA): Hay House.

Pellegrino, E. D. (2002): »Professionalism, profession and the virtues of the good physician.« Mount Sinai Journal of Medicine 69, 378–384.

Platon (1989): Sämtliche Werke Bd. 2. Übers. von F. Schleiermacher. (Rowohlt Enzyklopädie). Reinbek b. Hamburg: Rowohlt.

Rahner, K. (1982): Praxis des Glaubens. Herausgegeben von K. Lehmann und A. Raffelt. Freiburg i. Br.: Herder. Zürich: Benziger.

Rahner, K. (1984): Grundkurs des Glaubens. Sonderausgabe. Freiburg i. Br.: Herder.

Rahner, K. (2004): Beten mit Karl Rahner. Bd. 1: Von der Not und dem Segen des Gebetes. Freiburg i. Br.: Herder.

Rahner, K. (2004a): Von der Unbegreiflichkeit Gottes. Erfahrungen eines katholischen Theologen, Freiburg i. Br.: Herder.

Rehmann-Sutter, C., Leuthold, M., Bondolfi, A. [et al.] (Hrsg.) (2006): Beihilfe zum Suizid in der Schweiz. Beiträge aus Ethik, Recht und Medizin. (Interdisziplinärer Dialog – Ethik im Gesundheitswesen Bd. 6). Bern: Lang.

Renz, M. (2007): Von der Chance, wesentlich zu werden. Reflexionen zu Spiritualität, Reifung und Sterben. Mit einer CD: ›Das Ich stirbt in ein Du hinein‹. Paderborn: Junfermann.

Renz, M. (2008): Erlösung aus Prägung. Botschaft und Leben Jesu als Überwindung der menschlichen Angst-, Begehrens- und Machtstruktur. Paderborn: Junfermann.

Renz, M. (2000, 2008b): Zeugnisse Sterbender. Todesnähe als Wandlung und letzte Reifung. Paderborn: Junfermann.

Renz, M. (2009): Zwischen Urangst und Urvertrauen. Therapie früher Störungen über Musik-, Symbol- und spirituelle Erfahrungen. Erw. u. aktualis. Neuaufl. Paderborn: Junfermann.

Renz, M. (2003, 2010): Grenzerfahrung Gott. Spirituelle Erfahrungen in Leid und Krankheit. Freiburg i. Br.: Herder. Überarb. Neuaufl. Freiburg i. Br.: Kreuz.

Renz, M. (2010b): Der Mensch als Wesen der Sehnsucht. Mit einer CD: ›Klangreisen‹. Paderborn: Junfermann.

Renz, U. (2002): Die Rationalität der Kultur. Zur Kulturphilosophie und ihrer transzendalen Begründung bei Cohen, Natorp und Cassirer. (Cassirer-Forschungen Bd. 8). Hamburg: Meiner.

Renz, U., Bleisch, B. (Hrsg.) (2007): Zu wenig. Dimensionen der Armut. Zürich: Seismo.

Renz, U. (2010): Die Erklärbarkeit von Erfahrung. (Philosophische Abhandlungen Bd. 99). Frankfurt a. M.: Klostermann.

Riedel, I. (1978): Das Mädchen des Schmieds, das zu schweigen verstand. In: Jakoby, M., Kast, V., Riedel, I. (1978): Das Böse im Märchen. Fellbach: Bonz.

Riedel, I. (1983): Farben in Religion, Kunst und Psychotherapie. 19. Aufl. Freiburg i. Br.: Kreuz.

Riedel, I. (1989): Die weise Frau in uralt-neuen Erfahrungen. Olten: Walter.

Rosenzweig, F. (1984): Der Mensch und sein Werk. In: R. Mayer, A. Mayer (Hrsg.): Gesammelte Schriften. Bd. 3. Dordrecht: Martinus Nijhoff.

Rosenzweig, F. (1993): Der Stern der Erlösung. 4. Aufl. Frankfurt a. M.: Suhrkamp.

Siebenrock, R.A. (1995): Theologie aus unmittelbarer Gotteserfahrung. In: Niewiadomski, J.,Palaver, W. (Hrsg.): Vom Fluch und Segen der Sündenböcke, 69–92. Thaur: Kultur.

Siebenrock, R. A. (1998): Skript zur Aufbaustudienwoche 1998 der Wiener Theologischen Kurse: Das Christentum und die Religionen. Unveröffentlichtes Skript.

Siebenrock, R. A. (2009): Christliches Martyrium. Worum es geht. (Topos Taschenbücher) Innsbruck: Tyrolia.

Sölle, D. (1993): Leiden. Freiburg i. Br.: Herder.

Steffen, U. (1982): Jona und der Fisch. Der Mythos von Tod und Wiedergeburt. Stuttgart: Kreuz.

Wenn ich nicht mehr entscheiden kann. Fragen rund um die Patientenverfügung (2009). Schweizer Fernsehen SF1, Sternstunde Religion, 22. 11. 2009. Mit Reto Stocker, Monika Renz, Otfried Höffe (Gestaltung: Judith Hardegger). Dornbirn: Atv-TV-Produktion-Assmann. [DVD].

World Economic Forum (WEF) (2009): »Die sieben Panels stießen auf großes Echo. Grosser Publikumsaufmarsch auch am Open Forum Davos 2009.« Newsletter Weforum, März 2009. http://newsletter.weforum.org/index.cfm?fuseaction=drucken&temp=showNewsletterListeDetails&parents_id=308&NLAbschnitt_NLAbschnittId=130&NLMailSprache_NLMailId=7 (13. 10. 2010).

Zimmermann-Acklin, M. (2002): Euthanasie. Eine theologisch-ethische Untersuchung. 2. erw. u. überarb. Aufl. (Studien zur theologischen Ethik). Freiburg i. Br.: Herder.

Zimmermann-Acklin, M. (2009): Politischer Umgang mit gegensätzlichen ethischen Positionen am Beispiel der Sterbehilfe. In: Gesellschaft für ethische Fragen (Hrsg.): Arbeitsblatt Nr. 48, 23–28. Zürich.

Zwei Nachworte

Einfühlsam wie in früher bearbeiteten Themen und diese nochmals abrundend, beschreibt Monika Renz den eigentlichen Sterbeprozess als ein »Hinübergehen«. Auf ihre Weise Pionierin im Bereich Sterben, erkennt sie wie schon Kübler-Ross die Bedeutung des Akzeptierens auf dem Weg hin zum Sterben, geht aber insofern darüber hinaus, als sie von Sterben als einem Wandlungsprozess und von drei Phasen des Davor, des Hindurch und des Danach spricht.

Wenn heute im öffentliche Diskurs zum Thema Sterben die Begriffe Würde und Autonomie so fordernd artikuliert werden, so finden wir *hier* die wirklichen Partituren dessen, was jedem Sterben seine eigentliche Würde und Individualität gibt. Sterben wird als kreativer, auf eine innere Zielvorgabe hin fokussierter Teil des Lebens erkannt, durchaus vergleichbar dem letzten Opus eines Künstlers.

Monika Renz zeigt auf, worin Sterbende zu einer letztgültigen Würde finden: etwa dort, wo Menschen ihr Sterben und damit verbundene letzte Reifungsschritte durchleben, zwischendurch auch durchleiden und so zu jener Achtung, Integrität und Wesentlichkeit finden, in der sie sich selbst nochmals als Subjekt erfahren. Dieses Personale und Kreative macht die Würde aus. Eine Gesellschaft die dies versteht und Leidensmomente nicht primär als ein Versagen einer omnipotenten Medizin oder als reine Fatalität begreift, öffnet sich für diese menschliche Dimension des letzten Weges. Sie wird sich nach Kräften für ein würdiges Sterben einsetzen.

Professor Dr. med. Thomas Cerny, Präsident der Krebsliga Schweiz, Chefarzt am Kantonsspital St. Gallen

Das Begreifen des Sterbens als Prozess, durchaus mit Phasen, aber mit individueller Ausprägung, ist essentiell für eine umfassende Betreuung von Patienten in der letzten Lebensphase. Sterben ist kein isolierter Moment. Unsere Erfahrungen auf der Palliativstation zeigen: Jedes Sterben ist geheimnisvoll eigen und geht doch entlang von Gemeinsamkeiten des Sterbeprozesses. Das vorliegende Buch vertieft diese Erfahrungen durch ein neues Konzept.

Oft werden wir berührt von friedvoll staunenden Gesichtszügen von Sterbenden und Verstorbenen. Diese Beobachtung können wir nun als »total serenity«, als letzten Frieden erahnen. Die menschliche Wahrnehmung, das grundlegende Gefühl, ein Ich mit eigenem Körper zu sein, scheint sich verändert zu haben. Auf dem Weg dahin leiden Patienten an Schmerzen, Atemnot, Angst u. a. m. Diese Beschwerden sind oft schwer behandelbar und zwischendurch wie gesteigert, trotz Assessment, interdisziplinärem Team und Medikamenten bis hin zur Sedationstherapie. Eine Beschreibung dafür ist »total pain«. Die medikamentöse Symptomkontrolle greift zu kurz. Wir sind gefordert, mit Respekt, aus dem Verstehen heraus den Patienten gezielt die Hilfe zu geben, die sie brauchen, bewusst die Indikation dafür zu stellen. Dies kann auch Unterstützung im Seelischen sein (in Versöhnungsprozessen, im Erfahren von Würde trotz Abhängigkeit, in averbalem Loslassen). Oft werden danach »erstaunlicherweise« weniger Medikamente benötigt. Die Erkenntnisse dieses Buches über die Sterbephasen verändern unser Verstehen, unsere Haltung und unsere klinische Praxis.

PD Dr. med. F. Strasser, Palliativmediziner/Onkologe, St. Gallen